하나님은 언제나
가까이 계셔

하나님은 언제나 가까이 계셔

초판 1쇄 발행 2020년 11월 25일

지은이 | 박흥신
펴낸이 | 송민아

디자인 | 김윤선
편집 | 홍성아
펴낸곳 | 인크라이스트
출판등록 | 2016년 7월 21일 제 2016-000093호
주소 | 경기도 성남시 분당구 대왕판교로645번길 12, 9층
전화 | 031-263-0721 팩스 | 031-264-0721
인스타그램 | inchrist_book
인쇄 | 예림인쇄
값 12,800원 ISBN 979-11-959439-3-7 03230

이 도서의 국립중앙도서관 출판예정도서목록(CIP)은 서지정보유통지원시스템
홈페이지(http://seoji.nl.go.kr)와 국가자료종합목록 구축시스템(http://kolis-net.nl.go.kr)에서 이용하실 수 있습니다. (CIP제어번호 : CIP2020048136)

하나님은 언제나 가까이 계셔

박흥신 지음

선교지에서 일어난 기적들

인크라이스트

하나님은 결코 멀리 계시지 않습니다

일본 선교사로 파송을 받아 선교 사역을 마치고 돌아온 직후였습니다. 선교 100주년 기념 선교사 대회가 열렸고, 그 대회를 통해 우리 부부는 네 개의 나라로부터 초청을 받았습니다. 그러나 하나님은 전혀 알지 못하는 낯선 나라인 인도네시아 땅에 우리 부부를 떨어뜨리셨습니다.

그곳 선교지에서 매일 기도하며 경험한 성령의 감동뿐만 아니라 우리의 삶에 가까이 계시는 하나님을 경험했습니다. 이 은혜의 경험을 나만의 간증으로 간직하지 않고 많은 분들에게 공유함으로 하나님께 영광을 돌리고 싶습니다.

기도를 통하여 우리를 이끄신 하나님의 역사와 주 예수 그리스도로부터 시작된 크신 은혜가 어려움 중에 있는 모든 분들에게 소망이 되었으면 하기에 이 글을 씁니다.

삶을 계획하고 산다는 것은 좋은 일이지만 계획대로 되

지 않는다는 것을 깨닫고 나니 삶의 주도권을 내가 아닌 하나님께 드리게 되었습니다. 기도할 때마다 자연스럽게 하나님의 뜻을 묻게 되었고, 어느 날 뜻밖의 감동을 주시면 그분의 뜻으로 확신하였습니다. 이성적으로 맞지 않더라도 무조건 순종하며 선교지에서 사역하였습니다.

그분께서 '가라' 하시면 가고 '가지 말라' 하시면 가지 않는 삶. '하라' 하시면 하고 '하지 말라' 하시면 하지 않는 삶. 결코 쉽지 않지만 영적으로 민감해야만 가능하기에 결국 하나님과의 교감과 성령의 감동으로부터 선교는 시작된다는 것을 믿게 되었습니다. 또 단순하지만 어린아이와 같은 마음으로 사역을 해왔습니다.

예수께서 그들에게 이르시되 내 아버지께서 이제까지 일하시니 나도 일한다 하시매 - 요한복음 5:17

참 좋아하는 말씀입니다. 내가 일하고자 할 때 하나님께서 역사하실 수도 있겠지만 "하나님께서 성령의 감동으로 인도하시고 역사하시니 저희 부부도 순종함으로 일합니다"라고 고백하며 단순한 삶을 살아왔습니다.

만 18세 때에 신학을 해야겠다는 소명과 부름을 받았을 때가 아직도 생생합니다. 지극히 평범한 일상의 날, 서울 시내버스를 타고 집으로 가던 중이었습니다. 기도원이나 교회도 아닌 버스 안에서, 가슴에 명문대 배지를 단 세 명의 여대생들이 서로 깔깔거리며 이야기하는 모습을 본 그 순간, 갑자기 하나님은 그토록 사모하던 진리에 대한 깨달음을 저에게 주셨습니다.

"홍신아! 네가 그토록 찾기 원했던 진리는 오직 나로부터 온 것만이 진리란다. 세상의 진리는 늘 상대적으로 변하곤 하지. 하지만 나로부터의 진리는 영원히 변치 않을 것이다!"

그 순간 감당할 수 없을 만큼 크나큰 성령의 감동으로 하나님의 부르심을 받게 되었습니다. 아무 생각 없이 버스 안에 서 있던 나에게 갑자기 들려진 음성, 예상치 못한 그 음성에 마치 벼락이라도 맞은 것처럼 나라는 존재적 근원까지도 격렬하게 반응하는 듯했습니다.

그때의 사건으로 제 삶은 완전히 바뀌었습니다. 새로운 세계가 열렸습니다. 스무 살도 채 되지 않은 어린 나이였음에도 서울 시내 한복판에서 찬양을 부르며 홀로 전도하는 삶을 살기 시작했습니다.

당시 저는 고등학교를 졸업한 후 서울에 있는 글로벌 외국계 회사를 다니고 있었습니다. 고등학교 3학년 시절, 삶의 진리를 깨닫기 전에는 대학에 진학하지 않겠다고 무릎을 꿇고 부모님을 겨우 설득해 다니게 된 직장이었습니다.

버스에서 부름을 받게 된 그날 이후 바로 회사를 그만두고 신학교를 가기 위한 공부를 시작했습니다. 몇 개월을 준비한 신학교 입학 시험을 보고 온 그날 밤 놀랍게도 꿈에서 예수님을 보았습니다. 처음이었습니다.

 하얀 세마포를 입으신 예수님께서 꿈에 나타나셨고 저에게도 하얀 세마포를 입혀주셨습니다. 저의 손을 꼭 잡아주시면서 세상을 함께 바라봐주시는 꿈을 꾸었습니다. 그때의 느낌과 모습은 당장이라도 그려낼 수 있을 만큼 생생합니다. 평생 잊지 못할 이 꿈은 소명과 부르심을 받은 저에게 큰 힘이 되었고 앞으로도 그럴 것입니다.

 같은 음성을 20대에 한 번 더 들었는데 책을 읽던 중이었습니다. 갑자기 제 가슴에 하나의 소명이 느껴지면서 "지금 바로 이 자리에 무릎을 꿇고 기도하거라!" 하시는 주님의 음성이 들렸습니다. 저는 "이 음성이 만약 하나님으로부터 온 것이라면 저에게 즉각 방언을 주시옵소서!"라고 기도했습니다.

 제가 주님께 그렇게 말할 수 있었던 것은 신학대학교를 함께 다닌 친구의 간증 때문이었습니다. 방언을 은사로 받은 후로 하루 종일 쉬지 않고 기도할 수 있었다는 친구의 그 간증이 제 가슴에 깊이 남아있었던 것 같습니다.

 그래서 주님의 음성을 들은 그날 "하나님! 만약 저에게 방언을 주신다면 오늘의 음성을 주님의 음성으로 확신하며 두 번째 부르심으로 받아드리겠습니다"라고 말씀드렸습니다. 그러자 "바로 지금 무릎 꿇고 기도하거라!"라는 음성이 재차 들렸습니다.

 저는 바로 순종하여 무릎을 꿇고는 하나님께 영광과 감

사의 기도를 드렸습니다. 그런데 불과 1분, 2분도 채 안되어 유창한 고대 언어와 같은 방언이 다양한 문장으로 입에서 터져 나왔습니다. 그 시기에 세 나라 언어로 된 방언을 마치 모국어처럼 구사하게 되었고 40년이 지난 지금까지도 그 방언들로 기도하고 있습니다.

목회로의 부름도, 선교지로의 부름도 모든 것이 다 하나님에 의한 것이기에, 저는 그저 믿음으로 순종하여 하나님의 뜻을 나타내고자 하는 것뿐입니다.

2006년 12월 28일 부르심에 순종하여 도착한 인도네시아. 그날부터 저와 아내는 이 기도 제목을 가지고 늘 기도하고 있습니다.

"하나님, 하나님의 뜻을 이루며 하나님 나라의 의를 위해 일하게 하시고 복음이 꼭 필요한 곳, 반드시 하나님의 사랑을 전해야만 하는 곳, 교회를 개척해 세워야 하는 곳, 도와주어야 하는 곳이 있다면 저를 성령으로 감동시켜 주옵소서."

해마다 이렇게 기도하며 선교 사역을 감당한 것 같습니다.

선교는 우리의 의지와 상관없이 시작되었습니다. 하나님의 뜻에 따라서 섬기는 지역이 넓어졌고 자연스럽게 광역화 선교가 되었습니다. 선교지에 갈 때마다 성령께서 감동을 주시면 하나님의 뜻으로 인지했습니다. 생각지도 못한 때일지라도 바로 순종하여 사역을 시작했습니다. 그러다 보니 사람의 관점에서는 '기적'이라는 사건들이 자연스럽게 일어났습니다.

하나님은 늘 가까이 계셨습니다. 또 그러한 일들을 통해 하나님께서는 우리 부부를 겸손하고 겸허히 오직 하나님만을 의지하도록 만들어 가셨습니다.

"선교는 무엇일까?"
참으로 어려운 이 질문에 우리 부부는 "단순하게 그분의 뜻에 순종하는 것"이라 답하고 싶습니다.

이번 편은 인도네시아 편입니다. 한국 편도 나누고자 준비하고 있습니다.

하나님은 결코 멀리 계시지 않습니다. 우리들의 삶 속에 아주 가까이 계시다는 것을 인도네시아와 한국에서의 체험을 통해 느낄 수 있었습니다.
그 은혜와 기적의 순간들을 함께 나누고 싶습니다.

SOLI DEO GLORIA!

박 홍 신 | 인도네시아 선교사

● ● ● **차례** | CONTENTS

인도네시아 발리(Bali)

1부
___

기적은
가까이에

인도네시아 동티모르
난민촌에서 생긴 일

어느 날 우리 부부는 인도네시아 수라바야(Surabaya)에 있는 그레식(Gresik)이라는 지역을 방문하게 되었습니다.

RMSUS라는 난민촌이 그곳에 있었는데, 동티모르에서 전쟁을 경험한 난민들이 1999년 동티모르 사태 이후에 그곳에서 탈출하여 모인 거주 지역입니다.

1998년 인도네시아 화교 학살 및 강간 사건으로 2,000명 이상이 학살을 당하고, 화교 및 아시아 여성들이 집단으로 강간을 당한 끔찍한 일이 있었던 지역입니다. 게다가 이 일로 인해 이곳을 섬기던 현지 목회자 네 명이 이슬람인들에게 화형 테러를 당해 순교하셨습니다.

순교의 땅을 직접 가보니 교회는 전부 사라진 채 강성 이슬람인들이 집단으로 거주하고 있었습니다. 교회가 다시 세워지더라도 두려움을 이기고 이 지역에 들어올 만한 목회자가 없다는 현실을 알게 되었습니다.

참담한 심경으로 그곳을 바라보는데, 그 순간에도 일하시는 하나님께서 이곳에 반드시 새로운 교회를 세우라는 큰 감동과 거룩한 부담감을 우리 부부에게 주셨습니다. 그리고 그 자리에서 즉시 기도하게 하셨습니다. 순종하는 마음으로 우리는 이렇게 기도했습니다.

"주님, 교회가 사라진 이 지역, 네 분의 목회자가 테러로 순교한 이곳에 반드시 다시금 교회를 세워 주옵소서!"

그날부터 우리 부부는 3개월 동안 매일 새벽을 깨웠습니다. 순교지인 척박한 그 지역에 반드시 교회를 세워 달라고 힘써 기도했습니다.
그러던 어느 날 어떤 남자분이 저희를 찾아왔습니다. 중국계 인도네시아인인 FNK(닉네임)라는 분이었습니다. 상기된 모습으로 우리를 찾아와 자신의 놀라운 경험을 이야기했습니다.

"나는 사실 신앙이 좋은 사람이 아닙니다!"

FNK와 그의 아내는 현지 교회를 다니고 있었지만 그의 아내는 가끔씩 중국 무속 전통을 따라 점을 보러 다니는 사람이었습니다. 그런 그가 이어서 말했습니다.

"얼마 전 꿈을 꾸었는데 처음 예수님을 보았습니다. 하얀 세마포를 입으신 예수님께서 저를 찾아와 아주 분명한 모습과 목소리로 말씀하셨습니다. FNK야! 너의 땅에 네가 네 돈을 들여서 반드시 교회를 지어라!"라고 말씀하셨습니다.

  그러면서 하얀 세마포 옷을 입으신 예수님의 모습과 목소리가 마치 요셉의 꿈처럼 뚜렷하고 분명해서 많이 떨리고 두렵다는 고백을 했습니다.
  자신이 가진 땅에 자신의 돈을 드려서 교회를 세울 테니 나머지 과정인 목회자 청빙과 교회 운영은 저희에게 맡아 달라는 것이었습니다.
  그분이 기증한 땅과 교회가 세워질 곳은 놀랍게도 우리가 기도 중이었던 바로 그 지역, 순교의 지역 안에 있었습니다. 하나님은 그렇게 역사하시고 FNK와 우리 부부를 도구로 쓰시기 시작하셨습니다.
  강성 이슬람 지역이면서 집단 동티모르 난민촌 거주 지역인 그곳, 넓은 땅에 기적처럼 교회가 건축되기 시작했습니다. 하지만 이곳에서 가장 권력 있는 동장 대표와 무슬림들이 몰려와 교회를 세우는 것 같다며 교회 건물의 지붕을 뜯어내고 말았습니다. 건축은 결국 중단되었습니다.
  저희 부부는 가장 영향력 있는 그 동장과 무슬림 지역 주민들에게 만나자고 제의했습니다. 다음 날 저희를 만나기 위해 사람들이 가득 모였습니다.
  동장은 주민들을 선동하면서 이슬람 사원 외에 어느 것도 들어올 수 없다고 강경하게 말했습니다. 절대로 교회는 건축될 수 없다고 으름장을 놓았습니다.

어떻게 해야 할지 고민 중이던 그때 주님께서 지혜를 주셨습니다. 저는 그들 앞에 나아가 이렇게 말했습니다.

"여러분! 저는 한국 사람입니다. 저는 여러분들을 진심으로 돕고 싶습니다. 여러분들이 가장 원하는 것이 무엇입니까?"

"우리가 살고 있는 집단 거주촌에는 아무 것도 없습니다. 유치원이 없어서 아이들을 교육하기가 어렵습니다. 유치원을 세워주십시오!"

여기저기서 "맞아요, 유치원을 세워주세요!" 하는 목소리가 들렸습니다. 그래서 저는 이렇게 말했습니다.

"알겠습니다. 여러분 자녀들의 교육을 위해 지금 난민촌 지역 안에 짓고 있는 이 건물을 유치원으로 만들어서 봉사하겠습니다. 제 아내는 한국에서 300명이 넘는 유치원에서 부원장의 경험이 있습니다. 그 경험을 살려 한국처럼 좋은 교육프로그램과 시설의 유치원을 준비하겠습니다. 그리고 1년 동안은 비용을 받지 않겠습니다. 이 지역 최고의 유치원으로 만들어서 여러분의 자녀들을 교육하겠습니다!"

그러자 여기저기서 "좋아요! 감사해요!"라는 환호성이 들렸습니다. 저는 이어서 이렇게 말했습니다.

"여러분, 저는 크리스천입니다. 그러다 보니 기독교 정신으로 기독유치원을 세우게 될 것입니다. 운영도 그렇게 할 것입니다. 유치원 교사들도 기독교인들이 가르칠 것입니다. 만약 이것까지 양보하라 하시면 저는 이곳에 유치원 세우는 것을 포기할 수밖에 없습니다. 여러분 어떻게 하시겠습니까?"

아이들 교육에 목이 말라 있던 주민들은 "그럼 그렇게 하시지요"라는 대답을 마지못해 건넸습니다. 네 분의 현지 목사님들이 순교한 강성 이슬람 지역에서 "그럼 그렇게 하시지요"라는 답을 들은 건 대단한 사건이었습니다. 그날 이후로 건축은 순조롭게 진행되었습니다.

드디어 유치원을 봉헌하는 날, 그렇게 우리를 방해하며 속을 썩이던 동장을 비롯해 외부 인사들과 주민들이 유치원에 모였습니다. 그리고 봉헌 및 개원식을 하게 되었습니다. 정말 힘들었지만 신실한 현지 목사님 부부를 유치원 운영 담당자로 청빙도 하게 되었습니다.

SHR기독유치원은 시간이 지나면서 이 지역에서 가장 유명해졌습니다. 항상 대기자들이 넘쳐났습니다. 유치원생과 좀 더 어린 그룹 아이들을 합하면 100명이 넘었습니다.

졸업식 날 찾아온 교육부 장학사는 이 넓은 그레식(Gre-sik) 지역에서 이 유치원이 가장 큰 유치원이고, 가장 교육

하나님이 불현듯 부어주신 지혜로
난민촌 주민들을 설득할 수 있었습니다.

기독유치원을 반기는 학부모들

을 잘하는 유치원이며, 가장 다니고 싶어 하는 유치원이라고 칭찬을 했습니다. 그러면서 그는 진심을 다해 우리에게 감사를 표했습니다.

　시간이 조금 흐르고 어느 날 우리의 간절한 기도 제목이며 소원이었던 개척 교회를 세우는 일을 조심스럽게 시작하게 되었습니다. 청빙한 유치원 담당 현지 목사님 사택에서 비밀리에 개척 예배를 드리고 교회가 세워졌습니다.
　3년이 지난 후 개척 교회는 장년들과 어린이를 포함하여 80여 명에 이르게 되었습니다. 당시 유치원에서 기도도 할 수 없을 만큼 복음이 척박했던 곳이었습니다. 하지만 10여 년이 지난 오늘 유치원을 선교센터로 삼아 기도는 물론 성경 학교도 할 수 있는 곳이 되었습니다. 더불어 한국 문화를 전하는 곳이자 하나님께 예배를 드릴 수 있는 은혜로운 땅이 되었습니다.

우연히 만난 무슬림 여자 어린이

예수께서 그들에게 이르시되

내 아버지께서 이제까지 일하시니

나도 일한다 하시매

- 요한복음 5:17

가장 강력하게 반대했던
무슬림 대표 동장(맨 왼쪽)은
결국 주님의 은혜로
유치원을 봉헌하는 날
참석해서 축하의 인사를
우리에게 건넸습니다.

인도네시아 유일한
동티모르 난민촌 내
SHR기독유치원
아이들

발리에서 생긴 일

아름다운 섬으로 알려진 발리, 우리가 흔히 생각하는 휴양지 발리는 동부에 국한됩니다. 발리의 서부는 동부와는 다르게 경제적으로 매우 열악하고 척박한 농촌입니다.

다양한 귀신의 존재를 믿고 두려워하는 인도네시아에서 특히 발리는 '귀신의 섬'이라 불릴 정도로 무수한 신들과 온갖 우상을 숭배하는 섬입니다.

인도네시아 전역에 나타난다는 가장 유명한 귀신 꾼띨아낙(Kuntilanak)과 시신을 6~7군데 끈으로 묶인 상태인 뽀쫑(Pocong), 할머니 귀신인 웨웨 곰벨(Wewe Gombel), 아기 귀신인 뚜율(Tuyul), 창녀 귀신인 순달볼롱(Sundal Bolong), 작은 흡혈기 젱글롯(Jenglot) 등이 있습니다. 바나스빠띠(Banaspati), 웨돈(Wedon), 꾸양(Kuyang), 끄마망(Kemamang) 등 지역에 나타난다는 귀신들도 있습니다.

발리에는 기원전 3세기경에 시작되었다고 보는 자연신들-애니미즘적인 신앙에서 유래하는 조상신과 악령도 포함-이 뿌리 깊은 전통으로 오늘날까지 전해지고 있으며, 조상 숭배와 힌두교 이전의 토착 신앙 또한 융합되어 전해 내려오고 있습니다.

특히 조상 숭배와 정령 숭배는 주민들의 핵심 신앙입니다. 가끔씩 현지 뉴스에 학교나 공장 같은 곳에서 집단 빙의 현상이나 쓰러진 사건이 나오기도 하고, 엑소시즘(Exorcism)에 대한 이야기들이 종종 회자될 정도입니다.

발리 섬 서쪽에 위치한 힌두교 지역인 느가라 발룩(Negara Desa Baluk)이라는 동네 근처에서 충격적인 살인 사건이 발생했습니다.

단독 건물에 살고 있던 일가족 네 명과 관리인 한 명까지 전부 목이 잘려 살해를 당한 사건이었습니다. 잔인하고 끔찍한 살인 사건이었지만 2020년 지금까지 범인을 잡지 못했습니다.

발리의 샤머니즘적인 문화와 환경에 젖어 있는 주민들에게 이 살인 사건은 큰 두려움으로 다가왔습니다. 사건 이후 무섭고 이상한 일들이 일어나기 시작했기 때문입니다.

살인이 일어난 그 건물에 귀신, 유령들이 자주 나타났으며 주민들이 목격하고 있었습니다. 그 건물은 동네 입구에 있어서 모든 주민들은 이 건물을 피하고 싶어도 피할 수가 없었습니다.

건물 맞은편에 있던 작은 마트 두 곳은 무서움에 떨다가 결국 생계를 포기하고 문을 닫았습니다. 끔찍한 살인 사건

네삐(Nyepi)는 침묵의 날(Nyepi Day)에
동원되는 악령과 신의 형상 중 하나입니다.

에 귀신까지 출몰하는 이 곳은 이제 이 지역에서 가장 무섭고 유명한 폐가가 되었습니다.

그 당시에 저는 그 지역에서 두 번째 기독고아원을 세우려고 준비하고 있었습니다. 부모의 죽음, 극심한 가난, 가정 파괴 등 여러 이유들로 고아들이 발생하고 있었기 때문입니다.

그 건물은 파격적인 월세로 나와 있었습니다. 돈이 전혀 없었던 우리에게는 선택의 여지가 없었습니다. 그 폐가 건물에 들어가기로 한 것입니다. 오직 만왕의 왕이신 예수님만을 의지하고 믿음만을 가지고 그 무서운 귀신과 유령들이 출몰한다는 그곳으로 들어가기로 했습니다.

계약을 하고 그 건물에 들어갔습니다. 건물 안에 있는 우물에서 참을 수 없게 썩은 냄새가 진동하고 있었습니다.

'혹시 여기에다가 시신을 버렸나?'라는 생각이 들 정도의 악취였습니다. 수도가 없기 때문에 이 우물물로 고아원 아이들이 세수를 하고 몸을 씻어야 했습니다.

이 건물은 아무나 들어갈 수도 없었고 누구도 들어가고 싶어하지 않은 곳인데, 우리 고아원이 하나님만을 의지하고 들어가게 된 것입니다.

고아원이 세워지고 담당자로 세워진 신실한 로이(ROI) 현지 목사님 부부는 어린 원아들과 함께 날마다 그곳에서 하나님을 찬미하며 예수님의 이름으로 예배를 드리고 기도를 올려드렸습니다.

발리 힌두교인들은
특정한 날 모여 제사를 드리며
기도를 합니다.

이렇게 날마다 예수님의 이름으로 찬양을 하고 기도하며 예배를 드리니 예수님의 권세에 눌려 귀신이나 유령들이 아예 출몰조차 못하고 모두 다 사라지고 말았습니다.

'모퉁이돌 기독고아원'이 들어선 이후 그 건물에 자주 등장하던 귀신과 유령이 전부 사라지자 힌두교인인 동네 사람들이 기독교 고아원이 들어선 것을 오히려 기뻐하고 감사하며 환영했습니다.

하나님의 역사하심과 일하심으로 두려움의 장소가 사랑과 찬양의 동산이 되어 아름답고 거룩한 장소로 변화된 것입니다. 문을 닫았던 고아원 앞에 두 개의 마트도 다시 문을 열어 영업 중에 있습니다.

또한 지연웅·강종방 목사님과 성도님들의 섬김과 후원자분들의 도움을 받아 고아원 수도 시설을 새롭게 단장했습니다. 화장실과 샤워실, 숙소까지 제대로 갖춰진 고아원이 되었고 고아원 원생들이 마음껏 기도할 수 있는 교회로도 운영할 수 있게 되었습니다.

고아원 안에는 각 나라별 국기 12개를 세워놓았는데 이는 원아들이 국기를 직접 보면서 기도하기 때문입니다. 고아원은 그렇게 대한민국과 북한, 열방을 선교하기 위한 기도 제목을 놓고 매주 주일마다 힘써 기도하는 '모퉁이돌교회'가 되었습니다.

고아원 아이들은 하나같이 명랑하고 착한 심성을 가졌으

모퉁이돌 고아원 원아들이 매일같이 드린
찬양과 기도, 예배를 통해 귀신들을 쫓아냈습니다.

며 어린 나이에도 불구하고 또래 아이들이 놀랄 정도로 기
도를 잘합니다. 우리 아이들이 가장 좋아하는 찬양은 "좋
으신 하나님, 좋으신 하나님, 참 좋으신 나의 하나님"이라
는 한국말 찬양입니다.

또 이르시되 너희는 온 천하에 다니며

만민에게 복음을 전파하라

- 마가복음 16:15

믿는 자들에게는

이런 표적이 따르리니 곧 그들이

내 이름으로 귀신을 쫓아내며

- 마가복음 16:17

강성 이슬람 지역
꺼삼벤 Kesamben 의 기적

인도네시아 동부 자바에 꺼삼벤(Kesamben)이라는 시골 지역이 있습니다. 무슬림 지역 중에서도 강성 무슬림 지역인 이곳에는 300여 개의 무슬림 학교가 존재합니다. 그리고 단 하나의 유일한 기독교 중학교가 있습니다. 이곳을 우리 부부가 찾아가 보게 되었습니다.

학교에 도착한 후 우리 부부는 아연실색을 했습니다. 학교라고 할 수 없을 정도의 열악한 모습과 마치 닭장과도 같은 두 개의 교실 때문입니다. 그나마 감사하게도 동부 자바 한인여성회에서 모금을 통해 작은 교실을 하나 새로 신축해준 것이라고 합니다.

학교 이야기를 들어봤습니다. 시설은 최악이고, 대부분의 학생들은 이미 다 나갔으며 교사들은 월급을 못 받고 있었습니다. 심지어 교육부로부터 폐교 통보를 받았음에도 교사들의 의지로 버티고 있었지만 결국은 또다시 폐교하라는 두 번째 통보를 받은 상황이었습니다.

학교 관계자에게 학교의 역사를 물었습니다. 1979년 한 선교사님이 이곳에 학교 부지를 마련하고 기독교 중학교를 세웠다고 합니다. 하지만 불과 몇 개월도 안되어 피치 못할 사정으로 선교사님은 다른 나라로 선교를 떠나게 되셨고 모든 지원이 중단되었다고 합니다.

소수의 선생님들이 야학처럼 학생들을 가르쳐왔지만 후원이 전혀 없는 상태이다 보니 더 이상 학교로서 운영될 수가 없었고, 2007년 결국 폐교 위기를 맞게 되었다는 것입니다.

18명의 중학생이 전부이며 폐교를 앞둔 이 학교를 처음 만난 그날, 하나님은 저에게 존경하는 성자 썬다 싱(Sundar Singh, 1889~1929)을 생각나게 하셨습니다.

히말라야 오지에 유일한 기독교 학교에서 교육을 받은 썬다 싱. 그래서인지 기독교 학교의 중요성이 절실하게 다가왔습니다.

학교의 이야기를 들으며 어린 학생들을 바라보는데 갑자기 저의 마음에 예상치 못한 성령님의 감동이 임했습니다. 얼마나 가슴이 뜨거운지 스스로 주체하지 못할 정도였습니다.

꼭 맞는 표현은 아닙니다만, 갑자기 일생일대 사랑하는 사람을 만났을 때 주체하지 못하는 감정과 비슷하다고 할까요? 걷잡을 수 없는 뜨거움이 안에서 마구 올라오는 것처럼 말입니다. 그리고는 주님의 음성이 마음속 깊은 곳에서 들렸습니다.

"반드시 이 학교를 살려야 한다, 이 학교를 살려라!"

제가 신학교를 가기 전 어느 날 갑자기 소명을 주시며 부르실 때 들렸던 그 음성 같았습니다. 그날 저는 결국 학생들과 교사, 교장 선생님 그리고 학부모 회장님이 모인 자리에서 느닷없이 선포했습니다.

"여러분 걱정하지 마십시오! 반드시 이 학교를 살려내겠습니다! 1년 안에 폐교를 막고 학교가 정상화되도록 만들겠습니다!"

얼떨떨한 표정으로 저희 부부를 바라보던 사람들을 뒤로하고 집으로 돌아와 그날부터 저희는 기도를 시작했습니다. 그러자 놀랍게도 후원금조차 없던 상황에서 생각지도 못한 공급을 받았고, 기적처럼 후원이 계속되었습니다. 그렇게 주님께서는 불과 3개월 만에 폐교를 막아 주셨을 뿐 아니라 학교를 정상화되게 하셨습니다.

시간이 얼마 흐르고 중학교 3학년 학생들이 졸업을 앞둔 때였습니다. 학생들을 위해 기도해 달라는 학교의 초청을 받고 저희 부부는 학교로 갔습니다. 몇 명 안 되는 졸업생이었지만 기쁜 마음으로 나갔습니다. 교장 선생님, 교사들, 학부모회 대표들, 기존 시니어 선교사님과 졸업 예정인 학생들이 모여 있었습니다.

　학생들 한 명 한 명에게 손을 얹어 기도를 해줬습니다. 그러고 나서 물었습니다.

"너희들은 이제 중학교를 졸업하면 어떻게 할 생각이니?"

　한 학생이 머뭇거리다 대표로 대답을 했습니다.

"선교사님, 저희는 학교를 다니면서 정말 행복했습니다. 찬양과 기도를 할 수 있었고, 성경 공부를 할 수 있었습니다. 예배도 드릴 수 있었습니다. 하지만 이제 중학교를 졸업하면 이 지역에는 기독고등학교가 없기 때문에 저희는 어쩔 수없이 이슬람 학교에 진학해야 합니다. 이슬람 학교를 다니게 되면 저희는 이제 성경 대신에 이슬람교의 코란을 공부해야만 합니다."

　이 이야기를 듣는 순간 '예수께서 그들에게 이르시되 내 아버지께서 이제까지 일하시니 나도 일한다 하시매(요한복음 5장 17절)'라고 말씀하신 주님이 제 안에 성령님을 통하여 강하고 큰 감동으로 임하셨습니다. 저는 주체할 수가 없었습니다.

　음성을 듣는 것이 처음이 아니었지만 당황스러웠습니다. 말씀이 임하자 몸이 달아오르고 알 수 없는 벅참이 가득 차올랐습니다. 결국 저는 제 정신이 아닌 듯 담대하게 말

중학교 졸업생들을 위해
간절히 기도한 후
성령의 감동과 음성을
듣게 되었습니다.

하기 시작했습니다.

"졸업생 여러분, 걱정하지 마세요! 반드시 제가 여러분들이 입학할 기독고등학교를 세우겠습니다. 여러분들을 이슬람 학교로 절대 보내지 않겠습니다. 졸업생 여러분들이 다시금 찬양하고 기도하고 예배드릴 수 있도록 기독교 고등학교를 이곳에 세울 것을 약속하겠습니다!"

저는 다 같이 기도하자고 외쳤습니다. 그리고 이곳 중학교와 졸업생들, 앞으로 세워질 기독고등학교에 대한 비전을 마음에 품고 간절하게 기도했습니다. 그렇게 뜨겁게 기도하고 나서 눈을 떴는데 예상 밖의 상황이 펼쳐졌습니다.
교장 선생님과 교사들, 학부모 대표들, K선교사님 모두 안색이 좋지 않았습니다. 그중 한 분이 무거운 표정으로 말씀하셨습니다.

"선교사님, 중학교가 정상화된 것도 얼마 되지 않았습니다. 솔직히 저희들은 이 학교도 지속될 수 있을지 확신이 없습니다."

이 지역에서 귀한 사역을 하고 있는 K선교사님도 이렇게 말했습니다.

"박 선교사님은 경솔하고 무책임하신 것 같습니다. 인도네시아를 모르시는 것 같은데 제가 묻겠습니다. 고등학교를 세우려면 많은 물질이 필요합니다. 한국 교회로부터 받은 고등학교를 세울 만한 후원금이 있으세요?"

"아니요, 없습니다."

"그렇다면 어떻게 그런 무책임한 약속을 교사들과 학생들 앞에서 하실 수 있습니까?"

"저는 그저 하나님께서 감동을 주셔서 약속한 말이라…… 지금은 돈이 없지만 분명 하나님께서 하실 것이라 믿습니다!"

"돈은 둘째 치고 이곳 강성 이슬람 지역에서 기독학교 설립 허가를 받는 것이 얼마나 어렵고 불가능에 가까운 일인지 혹시 아십니까? 저는 몇 년 전 이 지역에 기독초등학교를 세워 달라는 후원금을 한국 교회로부터 받은 적이 있습니다. 기독초등학교 설립 허가를 받기 위해 몇 년간 이리저리 뛰어다니며 노력했지만 결국 허가를 받지 못해 설립을 할 수 없었습니다. 그런데 박 선교사님은 돈도 없고 게다가 교육부로부터 기독고등학교 허가는 또 어떻게 받을 수 있다는 것입니까? 박 선교사님이 인도네시아 상황을 너무 몰라서 경솔하셨습니다! 학생들이 상처를 받을 수도 있습니다."

하지만 저는 이렇게 답변했습니다.

"그동안은 불가능했을 수도 있습니다. 하지만 오늘 감동을 주신 분은 전능하신 하나님이시니 분명 불가능을 가능으로 바꾸시고 역사해 주시리라 믿습니다."

그리고 저는 교장 선생님께 부탁을 했습니다.

"교장 선생님, 자카르타 교육부를 다녀올 수 있도록 제가 왕복 비행기 티켓과 경비를 준비해 드리겠습니다. 바로 학교 설립 허가를 위한 서류를 준비해서 신청하고 오시기 바랍니다."

얼마 후 교장 선생님은 자카르타 교육부에 기독고등학교 설립 허가를 위한 신청서를 제출했습니다. 그때부터 저희 부부는 새벽마다 기도에 힘썼습니다. 2, 3개월의 시간이 흐른 후 교장 선생님으로부터 연락을 받았습니다.

"박 선교사님, 정말 놀랍고 신기합니다! 이곳에 학교를 설립해도 된다고 합니다. 허가가 나왔어요! 먼저 학교 건물부터 건축하랍니다! 할렐루야!"

이번에도 하나님께서 하셨습니다. 하나님께서는 그렇게 우리의 지각과 생각을 뛰어 넘어 역사하셨습니다.

SOLI DEO GLORIA!
오직 하나님께 모든 영광을 돌립니다.

 소식을 들었을 당시 매우 기뻤습니다. 하지만 곧바로 자금의 문제가 다가왔습니다. 수중에 학교를 설립할 돈이 전혀 없었기 때문입니다. 학교 허가 소식에 감사함이 있었지만, 막대한 건축비를 당장 마련해야 하는 큰 부담감과 그에 따를 모험이 제 앞에 놓여있었습니다.

 저는 선교적으로 기독고등학교 설립의 중요성과 이곳에 자리한 300여 개의 이슬람 학교 틈에 세워질 기독고등학교의 필요성을 리포트로 만들었습니다. DVD와 보고서 형식으로 각각 300장씩 준비해서 한국을 향하는 비행기에 몸을 실었습니다. 그렇게 도착한 한국에서 곧장 향한 곳은 제가 속한 노회-장로교에서 입법·사법의 역할을 담당하는 중추적 기관으로 연회 또는 지방회와 유사-였습니다.

 노회 참석을 위해 인도네시아에서부터 왔다고 말씀을 드리고 상황을 설명하니, 폐회 시간 마지막 20분 정도를 쓸 수 있게 되었습니다. 노회원들 앞에서 준비해온 보고서를 설명할 기회인 것입니다. 저는 감사한 마음으로 300장의 DVD와 보고서를 들고 마지막 20분, 그 시간만을 기다렸습니다. 노회 방송위원회에서는 제가 준비해온 DVD 영상을 틀 준비를 마치고 기다리고 있었습니다.

 그런데 갑자기 어떤 방해의 역사였을까요? 노회원 중 누군가 압력을 넣어 제게 주어진 시간에 설명회 같은 것을 하지 말고 인사만 하라고 했다는 것입니다. 시간이 지나 나중에 확인해보니 선하지 않은 압력이 분명했습니다. 결국 저는 노회 석상에 나가 20초도 안 되는 짧은 시간 인사만 하고 내려와야만 했습니다. 이 시간을 위해 비싼 비행기 티켓을 끊고 이곳까지 왔는데 그저 허망한 순간이었습니다.

'이제는 어떻게 해야 하지? 기독고등학교를 설립해야 하는데…… 주님…….'

축도로 노회가 끝나고 모든 회원들이 퇴장하고 있었습니다. 허탈한 마음으로 입구에서 서서 멍하게 눈인사만 하고 있었습니다. 만감이 교차하는 감정을 추스르고 마지막으로 노회 석상에서 나왔습니다. 그런데 일면식도 없는 김용관 목사님께서 저에게 다가오시며 물으셨습니다.

"인도네시아에 있는 박 선교사님이라고 하셨죠? 저는 특별하게 관심을 가지고 선교하고 싶은 분야가 있습니다. 바로 교육 선교입니다. 저는 그 분야에 선교하고 싶은 목사입니다."

그 순간 목사님의 말씀이 사막의 생수처럼 다가왔습니다.

"네 목사님! 제가 인도네시아에서 한국에 들어오게 된 이

유가 인도네시아 강성 이슬람 지역에 기독고등학교를 꼭 세워야 하는데, 설립 후원금이 절실하기 때문입니다. 그래서 오늘 노회에 참석하게 된 것입니다!"

"그래요? 그럼 저희 교회에 오셔서 좀 더 자세히 설명해 주시겠어요?"

며칠 후 저는 경기도 봉일천 지역에 위치한 BIC교회를 찾아갔습니다. 김 목사님과 성도님들 앞에서 자세히 설명을 했고, 성령님의 역사하심과 주님의 뜻으로 하나가 되어 인도네시아 꺼삼벤(Kesamben)에 유일한 기독고등학교를 설립해보자며 건축 자금 전액을 마련해서 보내주시겠다고 약속하셨습니다.

BIC교회는 아프리카를 포함한 거대 선교 프로젝트를 실천하고 있었습니다. 교회가 감당하기에 힘들고 벅찰 정도로 선교에 얼마나 전력을 다하고 있는지 모릅니다. 이 교회에서 선교 보고를 하는 날 제 두 뺨에는 감동의 눈물이 흘러내렸습니다.

김 목사님과 당회의 적극적인 도움을 비롯해 한 자매님의 큰 목적 헌금, 전 성도의 눈물 어린 기도와 헌금이 모였습니다. 그렇게 세상의 빛이 되라는 의미의 '등불기독고등학교(SMA-KRISTEN DIAN SAKTI)'가 꺼삼벤에 건립되어 2009년도에 봉헌하게 되었습니다.

김 목사님과 당회원들은 해마다 기도와 물질적 헌신을

해주었습니다. 힘겹도록 사명을 다해 지속해주었습니다.

이 모습이 얼마나 감동이었는지 우리 집 막내도 동참하겠다면서 용돈을 일 년간 모아 전액을 학교에 기증할 정도였습니다.

크리스천 선생님들은 학교를 위해 헌신할 뿐만 아니라 학생들을 최선으로 교육하기 위해 노력했습니다. 그리고 강성 무슬림 학교 300여 개가 넘는 전체 학교 중 유일한 기독학교인 저희 학생들의 학력평가 시험 점수가 6위를 하는 놀라운 일이 벌어졌습니다.

이렇게 명문 학교로 거듭나자 무슬림 학부모들을 포함한 수많은 학부모들이 자녀들을 입학시키기 시작했습니다.

불과 몇 년 전에는 18명의 학생만이 남아 폐교를 앞두던 학교가 3년이 지나서는 교사진 40명과 학생들을 합치면 300명이나 되었습니다.

등불기독중고등학교(SMP·SMA-KRISTEN DIAN SAK-TI)는 이렇게 기독교 명문 사학으로 도약했습니다. 하지만 10여 년이 지나오는 과정에 정부와 교육부로부터 아무 지원도 받지 못하는 상황과 학교 건물과 시설의 노후화, 부족한 교사 급여, 공립학교 중심의 지원 정책 등으로 인해 학교 운영의 어려움을 겪으면서 침체의 시기가 왔었습니다.

그럼에도 불구하고 2019년부터 다시금 적극적으로 지원에 나서주신 BIC교회 김 목사님과 성도님들의 도움으로

회개하자는 외침에 함께 나아와
열심히 기도하는 학생들

채플 시간에 학생들은 진지하게
가슴에 손을 얹고 기도합니다.

한국어 어학원 교육과 한국회사 취업 프로젝트를 시행하며 새로운 비전으로 재도약 중에 있습니다.

선교에 열정적인 김용관 목사님, BIC교회와 선교위원회를 만나게 하신 하나님께 이 모든 영광을 올려드립니다. 교회에 재정적 여유가 없는 상황에서도 전 성도가 헌신하며 깨뜨린 향유 옥합이 얼마나 값지게 쓰였는지, 강성 무슬림 지역에서 얼마나 놀라운 선교의 결과를 가져왔는지 모릅니다.

하나님께서 하신 일들을 보니 기적의 연속이었으며 그저 모든 것이 감사할 뿐입니다.

기독고등학교 졸업식 날에는 남학생은 양복,
여학생은 전통 의상을 입습니다.

예수께서 대답하여 이르시되

내가 진실로 너희에게 이르노니

만일 너희가 믿음이 있고 의심하지 아니하면

이 무화과나무에게 된 이런 일만 할 뿐 아니라

이 산더러 들려 바다에 던져지라 하여도 될 것이요

- 마태복음 21:21

너희가 기도할 때에 무엇이든지 믿고 구하는 것은

다 받으리라 하시니라

- 마태복음 21:22

하나님께 돌아온
무슬림 3,000명의 기적

무슬림 지역에서도 자바(Java)섬 강성 무슬림 지역(BLTA)
에 딴떼뻬라(Tante Vera)라는 할머니 한 분이 계셨습니다.
이 할머니는 평생 몸이 아팠습니다. 어려운 형편에도 많
은 돈을 들여 병원 이곳저곳을 다녔지만 나아지지 않았
습니다. 결국 이 할머니는 병이 나을거란 소망도 없이 움
직이지도 못하고 고통 중에 시름시름 하루를 살아야만 했
습니다.

　누구든 몸이 많이 아프면 마음의 귀가 열린다고 했던가
요? 어느 날 동네 친구이신 다른 할머니 한 분이 딴떼뻬
라 할머니에게 불쌍한 마음이 들어 지나가는 말처럼 이런
말을 했습니다.

　"딴떼뻬라 할머니! 아프고 힘들면 목사라는 분을 찾아가
서 성탄절에 오신 하나님의 아들 예수님의 이름으로 기도
를 한번 받아보세요!"

　처음 들어보는 방법이었습니다. 간절했던 딴떼뻬라 할머

니는 친구 할머니의 이 말을 그냥 지나칠 수 없었습니다. 마음에 담았고 실천하기로 했습니다. 하지만 할머니 주변에는 목사님이 없었습니다. 백방으로 알아보았지만 목사님을 만날 수 없었고, 게다가 무슬림 지역이었기에 목사님을 찾을 수가 없었습니다. 고심 끝에 할머니는 아픈 부위에 자신의 손을 얹고 들은 그대로 기도했습니다.

"크리스마스에 오신 하나님의 아들 예수 그리스도의 이름으로 기도하오니 평생 아팠던 내 몸의 모든 병은 물러갈지어다! 예수 그리스도의 이름으로 다 나음을 입을지어다! 예수님의 이름으로 기도하옵나이다! 아멘!"

이렇게 기도하고 났는데, 그 순간 놀라운 기적이 일어났습니다. 주님의 크신 은혜가 임하면서 평생을 중한 병으로 고통당한 할머니가 일시에 나음을 입었습니다. 놀라운 기적이 아닐 수가 없었습니다. 할머니는 그 순간부터 일어나서 걷고 움직일 수 있게 되었습니다.

병이 나아 동네를 걸어 다니는 딴떼뻬라 할머니를 본 사람들은 놀라움을 금치 못했습니다. 이 소식은 온 마을에 퍼졌습니다. 소문의 진위를 가리기 위해 할머니 집으로 사람들이 몰려들기 시작했습니다. 할머니의 병이 정말 다 나은 건지, 어떻게 치유가 된 건지 몹시 궁금했을 것입니다. 할머니는 자신을 찾아온 동네 사람들에게 이렇게 말했습니다.

"크리스마스에 오신 하나님의 아들 예수 그리스도의 이름으로 기도했을 뿐인데 평생 아팠던 나의 모든 병이 일순간 나음을 입었습니다. 예수 그리스도야말로 진정한 하나님의 아들이요 우리의 구원자이십니다!"

이 간증을 들은 사람들은 자신들의 집에 돌아가 예수님의 이름으로 치유된 할머니의 기적을 이야기하기 시작했고 소문은 순식간에 퍼져 나갔습니다. 강성 무슬림 지역임에도 불구하고 소문은 점점 더 강하게 퍼져 나가기 시작했습니다.

소문을 들은 사람들은 할머니의 집을 방문하기 시작했습니다. 정말 딴떼삐라 할머니가 예수님의 이름으로 한 번에 병 고침을 받았는지 확인하고 싶어 했습니다. 그런 사람들에게 할머니는 예수 그리스도의 위대하심과 메시아 되심을 이야기하며 그분이 하나님의 아들이시고 우리의 진정한 구원자이심을 간증했습니다. 날이 갈수록 더 많은 사람들이 몰려들었습니다.

그러자 하나님께서는 신실하고 겸손한 P 집사님과 M 집사님(이하 PM 집사님) 부부를 딴떼삐라 할머니에게 보내셨습니다.

딴떼삐라 할머니의 집으로 계속해서 찾아오는 사람들에

3,000명을 전도하고
몇 년 전
하늘나라에 가신
딴떼뻬라 할머니

게 할머니 혼자 복음을 전하기는 쉽지 않았습니다. 무슬림 지역에서 예수 그리스도의 치유 소식을 듣고 찾아온 사람들이 하나둘씩 모이고 있다는 이야기에 PM 집사님 부부는 어떻게 하면 이 자리를 통해 지속적으로 복음을 전하고 하나님의 크신 사랑을 전할 수 있을까를 고민하게 된 것입니다.

P 집사님은 한국 분이며 M 집사님은 인도네시아 분인데 두 분 모두 겸손하고 하나님을 깊이 사랑하는 부부입니다. 2000년 전에 브리스길라와 아굴라 부부가 아마 이분들 같았을 것입니다. 자신들의 의를 드러내지 않고 겸손하며 신실한 믿음을 소유한 이 부부를 만날 때마다 저는 그리스도인이라는 단어가 저절로 생각납니다.

PM 집사님 부부의 집은 딴떼뻬라 할머니가 살고 있는 집에서부터 자동차로 7, 8시간 이상 떨어진 먼 곳에 있었습니다. 복음을 향한 열정과 영혼을 사랑하는 마음이 있어야만 갈 수 있는 곳이었습니다.

PM 집사님 부부는 할머니를 만나기 위한 모임에 지속적으로 가서 함께 기도하고 복음을 전했습니다. 동네 사람들은 할머니의 간증과 이 부부가 전해주는 복음을 듣게 되었습니다. 게다가 집사님 부부는 모여든 사람들을 사랑하는 마음으로 식용유와 쌀을 사비로 준비해서 모임이 끝나고 돌아가는 가난한 사람들의 손에 들려주었습니다.

계속 이어지는 모임 속에서 치유의 소식, 복음의 소식, 사랑의 소식이 넘쳐났습니다. 그러자 무슬림 지역의 많은 사람들이 할머니 집으로 몰려오기 시작했습니다. 더 이상 사람들이 앉을 수가 없어서 빈 마당에 나무 의자를 깔고 사람들을 맞이할 정도였습니다.

처음에는 소수 혹은 몇 십 명 정도에서 차차 50명, 70명, 100명, 150명을 넘어 점점 더 많은 사람들이 찾아왔습니다. PM 집사님 부부는 처음에 식용유와 쌀, 라면을 나눠주는 것이 어렵지 않았습니다. 하지만 뜻밖에 많은 사람들이 찾아오게 되면서 집사님 부부에게 생각지 못한 도전이 되었습니다.

이렇게나 많은 강성 이슬람 지역의 사람들이 간증을 듣고 찬양을 하고 복음을 듣고 돌아가는데 그동안 해왔던 사랑의 선물을 중단할 수는 없었습니다. 당시 작은 사업을 하던 집사님 부부로서는 물질의 헌신을 결단해야 하는 모험의 시기가 찾아왔습니다.

이 귀한 모임을 위해서 복음을 전하는 분들을 더 초청해야 했고 찬양하는 팀도 필요했으며, 봉사자들도 구해야 하는 상황이었습니다. 더 나아가 이들의 교통과 숙박 문제도 해결해야 했습니다.

어떻게 하면 좋을지 집사님 부부는 고민했습니다. '과연 우리 부부가 이 모임에 대한 경제적 후원 문제를 감당할 수 있을까?'라는 거룩한 부담감을 가지고 이 문제를 서로

의논했습니다.

PM 집사님 부부 집에서 봉사자들, 찬양팀, 복음팀, 어린이 전도팀을 모두 데리고 할머니가 있는 동네까지 가려면 최소 7, 8시간 걸리는 장거리 운행을 해야 하고, 도착해서는 이틀을 헌신해야 했기 때문에 그 지역 호텔에서 숙박을 해야 했습니다.

봉사자들 모두를 먹이고 재우는 숙식 비용도 감당해야 할 뿐 아니라 찾아온 사람들에 대한 사랑의 선물도 내려놓을 수 없다 생각하니 이 물질을 감당하는 일이 결코 쉬운 일이 아니었습니다.

또 PM 집사님 부부는 모임을 위해 유치원에 다니는 어린 딸을 이틀이나 보모에게 맡겨왔습니다. 이틀간 아이를 맡겨두고 장거리 사역에 헌신을 한다는 것은 하나님을 사랑하지 않고서는 절대 할 수 없는 일입니다. 이처럼 브리스길라와 아굴라 같은 집사님 부부는 이러한 상황을 의논한 끝에 결론에 이르게 되었습니다.

"지금 우리에게는 작은 생업 밖에 없으니 감당하기에 힘이 들지만, 지금 하는 이 모든 일들이 하나님의 나라와 의를 구하는 귀한 것들이니 하나님을 사랑하고 믿음으로 우리 한 번 끝까지 가봅시다! 아멘!"

집사님 부부는 아름답게 의견의 일치를 이루며 더 적극적이고 겸손하게 큰 모험의 헌신을 하기 시작했습니다.

은혜가 충만한 와중에 방해도 시작되었습니다. 예수 그리스도를 전하는 모임과 집회에 수많은 사람들이 모이고 있다는 소문에 무슬림들이 몰려왔습니다. 골목 입구 벽을 부수고 입구를 막아 집회 장소에 사람들이 들어가지 못하게 만들었습니다.

하지만 그렇게 하더라도 PM 집사님 부부와 RJWL 봉사팀(이하 PM & RJWL 선교봉사팀)은 방해 세력을 피해 다른 곳에 진입구를 힘겹게 만들어 모임과 집회를 다시 시작했습니다.

이런저런 우여곡절 속에서도 딴떼뻬라 할머니의 치유로 시작된 성령님의 역사와 복음 사역은 날이 갈수록 왕성해져 갔습니다. 선교봉사팀은 부모님과 함께 온 어린이들에게 특별한 사역을 했습니다. 주일 학교처럼 따로 집회를 만들어 복음을 전하기 시작한 것입니다. 아이들이 집회 후에 엄마와 아빠를 따라 집으로 돌아갈 때면 준비한 과자 선물을 손에 들려 보내주었습니다.

무슬림의 방해에도 사람들은 여전히 몰려들었고 모임 속에서 주님을 모르던 어른들과 아이들은 주님을 영접했습니다. 집사님 부부와 헌신된 봉사자들로 인해 귀한 열매들이 맺힌 것입니다.

PM & RJWL 선교봉사팀은 딴떼뻬라 할머니의 고향인 BLTA 지역뿐만 아니라 더 나아가 그곳에서 차로 8시간 더 떨어진 엠봉 말랑(Embong Malang) 지역에 찾아가 가난하고 어려운 분들을 위한 모임과 집회를 똑같이 시작했습니다.

한 할머니로 시작된 작은 모임이 큰 파장이 되어 인도네시아 여러 지역을 찾아가 복음을 전하는 모임으로 확장되었습니다. 모임을 섬기는 자들의 열정적인 헌신과 사랑, 겸손함으로 인해 2020년인 지금까지 복음을 전하는 이 모임은 중단 없이 계속되고 있습니다.

우리 부부는 몇 해 전 이곳에 찾아오는 청소년들을 보면서 청소년 찬양 집회에 대한 꿈을 꾼 적이 있습니다. 어른들과 어린이들을 위한 집회는 있는데 그동안 중고등학교 학생들과 청년들을 위한 집회가 없었기 때문입니다.

우리는 모임 가운데 청소년 찬양 집회를 해보자고 제의를 했고 그렇게 청소년 경배 찬양 집회가 세워져 지금까지도 매주 목요일마다 이어지고 있습니다.

딴떼뻬라 할머니의 간증, 브리스길라와 아굴라 같이 아름다운 PM 집사님 부부와의 만남, 그리고 헌신적인 무명의 봉사자들을 통해 현재까지 강성 무슬림 지역에서 많은 영혼들이 그리스도를 영접하고 그리스도인이 되고 있습니다.

엠봉 말랑에서 매주마다 복음 집회를 하고 BLTA 지역에서 한 달에 한 번씩 이틀간 집회를 드리며 헌신했더니 무슬림 지역에서 총 3,000여 명의 사람들이 예수 그리스도

개종한 성도님들의 아이들이
예배를 드리고 있습니다.
수백 명의 아이들을 두 군데로 나누어
예배를 드리도록 했습니다.

를 영접하고 진정한 그리스도인이 되었습니다. 하나님께서 하신 일이 무척 놀랍습니다. 오직 하나님께 영광을 돌립니다!

집사님 부부가 BLTA 지역과 엠봉 말랑 지역에 사는 3,000여 명의 그리스도인들을 섬기기 위해 매주 헌신한 물질은 어마어마한 금액이었습니다. 하나님의 나라와 의를 구하기에 믿음과 사랑으로 자신들의 향유 옥합을 깨고 모든 것을 올인한 것입니다.

하나님께서는 오직 하나님의 나라를 위한 선한 일을 감당하도록 PM 집사님 부부의 사업에 복에 복을 더해주셨고 물질로 감당하고도 남을 만큼 넘치게 부어주셨습니다.

물질이 선한 곳에 쓰이니 하나님께서 부어주시는 역사도 크게 나타남을 보게 됩니다.

한번은 엠봉 말랑 지역에서 크리스마스 행사를 위하여 군부대 사단급 강단을 빌려 사람들을 초청했습니다. 부산과 비슷한 규모인 이 지역이 온통 마비가 될 정도로 사람들이 많이 모여 들었고 교통대란이 일어났습니다.

당시 엠봉 말랑을 관할하는 수라바야 시장이 교통 체증이 일어날 정도이니 모임의 규모가 너무 큰 것 같다며 예배 인원을 2,000명 미만으로 제한했습니다. 교통대란을 걱정하는 시의 요청 때문에 결국 현재까지도 제한된 인원으로 성탄절 예배를 드리고 있습니다.

무슬림에서 주님의 품으로 돌아온 이분들이 예배드리는 모습은 정말 감동적입니다. 얼마나 열정적으로 하나님을 사모하는지 얼마나 간절히 하나님께 기도하고 찬양하는지 그들의 모습 속에 초대교회 그리스도인들의 모습이 그대로 새겨져 있습니다.

집회 장소가 협소해 어깨와 어깨가 닿을 정도로 빽빽하게 모여서 드리는 열기 가득한 복음 집회는 매주 감동 그 자체입니다. 때때로 한국에서 오신 분들이 직접 복음 집회에 참석하시고 하나님께서 이루어주신 일들과 개종한 분들의 열정적이고 뜨겁게 예배드리는 모습을 보시고는 눈물을 보이기도 합니다.

초대교회 시절 베드로를 통해 삼천 명이 주님 앞으로 나왔듯이 어제나 오늘이나 동일하신 하나님께서 인도네시아 딴떼뻬라 할머니와 이 시대의 브리스길라와 아굴라 같은 집사님 부부를 통해 삼천 명이 주님 앞에 나와 회개하고 그리스도인이 되게 하셨습니다. 이 모든 일을 행하신 우리 아버지 하나님께 모든 영광을 돌립니다.

이들의 행보는 여기서 그치지 않았습니다. BLTA 지역을 중심으로 무슬림 지역에 흩어져 있는 모든 목회자들을 위한 모임을 만들었습니다.

생각조차 할 수 없을 만큼 힘들고 어렵게 목회하는 목회자들이 여기 강성 이슬람 지역에 많습니다.

한 달에 한 번씩 먼 지역까지 포함해 500여 명의 목회

그들은 주님을 영접해 그리스도인들이 되었고
부활절 예배를 올려드렸습니다.

개종자 정기 집회에서 저는
그들을 위해 기도해주었습니다.

뜨겁게 기도하는 엠봉 말랑 지역의 성도님들

자들을 초청합니다. 함께 예배드리며 그들이 예배 안에서 성령님과 교통하고 다시 힘을 얻어 자신들의 개척지로 돌아가 복음을 전할 수 있도록 지속적으로 돕고 있습니다.

그 사역의 중심에 PM 집사님 부부와 RJWL 선교봉사팀의 눈물어린 헌신이 있습니다. 이들은 매달 한 달에 한 번, 모임에 참석한 모든 목회자들을 사랑과 기도 그리고 물질로 섬기고 있습니다.

딴떼뻬라 할머니는 이 귀한 사역을 겸손히 섬기시다가 몇 년 전 노환으로 주님 품으로 가셨습니다. 놀라운 것은 할머니의 아들이 어머니의 뒤를 이어 간증과 복음을 전하고 있다는 것입니다.

할머니의 아들은 PM 집사님 부부와 이러한 선한 일에 동참하는 현지 인도네시아 평신도 RJWL팀과 함께 오늘까지도 강성 무슬림 지역에서 열정적으로 섬기고 있습니다.

베드로가 이르되 너희가 회개하여

각각 예수 그리스도의 이름으로 세례를 받고

죄 사함을 받으라 그리하면 성령의 선물을 받으리니

이 약속은 너희와 너희 자녀와 모든 먼 데 사람

곧 주 우리 하나님이 얼마든지

부르시는 자들에게 하신 것이라 하고

또 여러 말로 확증하며 권하여 이르되

너희가 이 패역한 세대에서 구원을 받으라 하니

그 말을 받은 사람들은 세례를 받으매

이 날에 신도의 수가 삼천이나 더하더라

그들이 사도의 가르침을 받아 서로 교제하고 떡을 떼며

오로지 기도하기를 힘쓰니라

사람마다 두려워하는데 사도들로 말미암아

기사와 표적이 많이 나타나니

믿는 사람이 다 함께 있어 모든 물건을 서로 통용하고

또 재산과 소유를 팔아 각 사람의 필요를 따라 나눠 주며

날마다 마음을 같이하여 성전에 모이기를 힘쓰고

집에서 떡을 떼며 기쁨과 순전한 마음으로 음식을 먹고

하나님을 찬미하며 또 온 백성에게 칭송을 받으니

주께서 구원 받는 사람을 날마다 더하게 하시니라

- 사도행전 2:38-47

까니고로 Kanigoro 에서
생긴 일과 독약 사건

까니고로(Kanigoro)라는 지역은 이슬람 중에서도 강성 이슬람 지역입니다. 이곳은 이슬람 사원만 있고 교회는 단 한 곳도 없는 지역입니다.

저희 집에서 차로 2시간 거리에 있는 이 지역을 우리 부부는 선교 정탐하면서 복음을 전하기 원했고 교회를 세우기 원했습니다. 주님의 은혜로 이러한 정탐 과정 중에 매우 신실하고 젊은 마르쿠스(Markus) 목사님 부부를 만나게 되었습니다.

마르쿠스 목사님은 원래 무슬림이었습니다. 어느 날 전도를 통해 복음을 접하게 되었고, 기독교로 개종하면서 신학교에서 공부해 목사님이 된 분이었습니다. 지금은 40대의 부부 목사인 동시에 사역자로 존경받기에 충분한 목회자 부부입니다. 그분들은 신실하고 정직하고 사랑이 많으며 바울의 열정이 느껴지는 분들입니다.

우리 부부가 마르쿠스 목사님 부부를 만났을 때 특별히 마음이 간 이유는 그분들도 우리처럼 예쁜 딸이 네 명이

나 있었기 때문입니다. 특별한 공통점으로 인해 딸들끼리 한 명씩 자매결연을 맺게 되었고, 섬기고 싶은 마음에 우리 딸들이 마르쿠스 목사님 딸들에게 매달 용돈과 선물을 보내게 되었습니다.

우리 부부는 이 지역에 교회를 개척하여 복음을 전하자고 마르쿠스 목사님에게 제안을 했고 한국 '마지리'라는 시골에 있는 작은 교회의 후원을 받아 어렵게 그 지역 주민의 집을 월세로 빌려 개척을 하게 되었습니다. 강성 이슬람 지역에서 교회를 개척하는 과정은 결코 쉽지 않았습니다.

마르쿠스 목사님은 매일같이 열심으로 무슬림을 찾아다녔지만 전도하기가 매우 힘들었습니다. 1년 365일을 매일 밤부터 낮 12시까지 금식하며 목사님은 전도를 해나갔습니다.

마르쿠스 목사님은 무슬림이었던 자신의 과거 경험을 살려 무슬림들이 쉽게 이해하고 비교할 수 있도록 기독교에 대해 설명을 잘했습니다.

마르쿠스 목사님 부부의 복음에 대한 열정과 한 생명을 구원하고자 하는 헌신 그리고 매일 드린 금식 기도를 통해 늘 성령님께서 함께해주시는 역사가 나타났습니다. 주님을 영접하는 사람들이 한 사람 한 사람 늘어나 기적처럼 아름다운 전도의 열매를 맺기 시작했습니다.

주님을 영접한 무슬림들과 함께 모여 예배를 드리기 시작했습니다. 이런 변화로 인해 우리는 이 지역이 교회를 세우기에 위험하고 어려운 지역일지라도 반드시 개척 교회를 세워야겠다는 결심이 서게 되었습니다.

결국 한국의 포항 여전도회 연합회에서 저의 친구인 포항오천교회 박성근 목사님을 통해 BLTR 지역에 개척 교회를 세우기로 하고 그 지역에 정식으로 건축 허가를 받게 되었습니다. 그토록 소원했던 강성 이슬람 지역에 교회를 건축하게 된 것입니다.

고생 끝에 힘들게 찾은 단 한 곳의 부지를 구입했고 그 터에서 우리 부부와 마르쿠스 목사님은 손을 마주잡고 간절히 기도를 드리며 교회 건축이 시작되었습니다. 그러다 건축이 70% 정도쯤 진행되었을 때 마르쿠스 목사님으로부터 급한 연락을 받았습니다.

"박 목사님! 빨리 이곳으로 와주세요! 갑자기 무슬림들이 들이닥쳐 교회를 부수고 있습니다!"

깜짝 놀라 오토바이를 타고 두 시간 이상을 급하게 달려갔습니다. 교회 부지에 도착해보니 건축 중에 있던 교회는 처참히 부서져있었습니다. 마르쿠스 목사님은 폭행을 당했지만 다행히도 크게 다치지는 않은 상황이었습니다.

정식으로 건축 허가를 받고 건축 중이었음에도 교회를 세운다는 소식을 들은 이 지역의 무슬림 지도자, 군수, 경

교회 건축 전에
교회 부지에서 우리 부부는
마르쿠스 목사님과 함께
간절히 기도했습니다.

교회 건축 중 무슬림 90명이 몰려와
건축물 전부를 무너뜨린 모습

정식 건축 허가를 받았음에도 불구하고
무슬림들이 포클레인까지 동원해
건축 중인 교회의 기둥을 모두 뽑아 버렸습니다.

찰, 무슬림 90여 명이 몰려와서 건축 중인 교회를 이렇게 만들었다는 것입니다. 성경에 나온 말씀처럼 돌 위에 돌 하나 남기지 않고 다 무너뜨렸고 교회 건축이 아예 불가능하도록 포클레인까지 동원해 교회 기둥들을 다 뽑아 버렸습니다.

처참하게 망가진 모습을 보며 망연자실하면서도 마르쿠스 목사님이 크게 다치지 않은 것이 감사했습니다. 마음을 쓸어내리며 다시 그 자리에서 우리는 하나님께 기도를 올려드렸습니다.

"하나님! 폭행을 당했음에도 마르쿠스 목사님이 크게 다치지 않은 것에 감사드립니다. 교회는 다 부서졌지만 더욱 좋은 곳을 허락하여 주옵소서!"

그날 이후 이 지역에서 조금 떨어진 곳으로 새롭게 교회 부지를 알아보았지만 쉽지 않았습니다. 무슬림들은 우리가 기존에 구입한 교회 부지를 50% 헐값에 구입하겠다고 달려들었습니다. 그렇게 되면 우리는 다른 부지를 살 돈이 부족해 결국 교회 건축이 어려워질 수밖에 없었습니다.

단 하나의 교회도 없는 이 지역에 반드시 교회를 세우겠다는 믿음만으로 내딛은 발걸음이었습니다. 마르쿠스 목사님과 함께 교회 개척을 시도하면서 무슬림들에 의해 두 차례의 건물 붕괴와 두 차례의 화재를 겪었습니다. 무려

네 번의 테러를 당한 것입니다.

이렇게 하루하루 힘든 나날들로 교회 건축을 감당하기 버거워져갈 때 개척 헌금을 보내준 포항 여전도회 연합회를 생각하니 볼 면목이 서질 않았습니다. 결국 저는 마르쿠스 목사님에게 앞으로 몇 주 안에 교회를 다시 건축할 부지를 찾지 못하면 후원금 전액을 다시 한국으로 보내야할 것 같으니 그 기간 동안 더 열심히 찾아보자고 했습니다.

간절히 기도하며 부지를 찾았지만 마땅한 곳을 발견하지 못한 채 시간만 흘러갔습니다. 힘겨운 시간들 속에 결국 후원금 전액을 한국으로 다시 돌려보내기로 작정한 날이 되었습니다. 그러던 중에 전화벨이 울렸습니다.

"박 선교사님 교회 부지를 찾았습니다! 더욱 감사한 것은 건물주가 건물을 90% 이상 이미 다 지었는데 개인적인 사정이 있어서 급히 팔게 되었답니다. 그리고 먼저 우리가 구입한 교회 부지도 좋은 가격으로 어떤 사람이 사겠다고 합니다! 할렐루야! 얼른 오셔서 한번 보시지요!"

달려가서 보니 부지도 아주 넓고 건축물도 교회로 사용하기에 적합했습니다. 마당과 담벼락이 넓은 훌륭한 건물이었습니다. 원래 건축하려던 교회보다 더 컸고, 방을 포함한 시설들도 더 좋았습니다. 구입한 가격도 후원금과 큰 차이가 없어 훨씬 더 좋은 상황이 되었습니다.

"하나님 감사합니다!"

우리가 세운 건축물이 아니라 이미 지어진 건축물로 계약해서 구입을 하고나니 더 이상의 방해와 테러도 없었습니다. 할렐루야! 약속한 후원금을 다시 한국으로 보내려고 초조해 했던 당일, 하나님께서는 몇 시간도 채 안남기고 갑작스럽게 기도에 응답해주시며 우리에게 큰 선물을 보내주셨습니다. 결국에는 포항 여전도회 연합회 대표자들과 박성근 목사님과 함께 강성 이슬람 지역인 이곳에 최초의 교회인 '까니고로 개척 교회'를 봉헌드릴 수 있게 되었습니다.

이렇게 감사와 감격의 마음으로 한 사람 한 사람을 전도해 교회를 이루고 이곳에서 예배를 드리기 시작했습니다.

전도하여 주님 품으로 돌아온 이곳 성도들 중에는 그리스도인이 되었다는 이유로 믿지 않는 가족과 일가친척에게 큰 고난과 테러를 당하는 일이 비일비재했습니다. 그래서 아직까지도 질밥(Jilbob)이라 불리는 히잡을 쓰고 주일 예배를 드리는 성도들이 여러 명 있습니다.

마르크스 목사님은 인도네시아를 온 마음으로 품고 있었기 때문에 한 달에 한 번씩 타 지역에 가서 전도를 해나갔습니다. 이 지역 저 지역, 이 섬 저 섬을 다니다가 복음을 접하지 못한 곳에 가게 되면 그곳에서 예수 그리스도를 전하고 전도를 했습니다.

　2017년 어느 날 마르크스 목사님은 복음을 접하지 못한 한 섬에 들어가 전도를 하기 시작했습니다. 외부에서 기독교 목사가 와서 전도를 한다는 소식에 분노한 무슬림들은 매우 과격한 계획을 합니다. 바로 마르쿠스 목사님을 살해하기로 작정한 것입니다. 그날도 목사님은 여느 날과 다르지 않게 복음을 전하기 위해 그 섬에 도착했는데 무슬림들이 목사님을 맞이하며 이렇게 말을 걸었습니다.

　"목사님! 이 섬에 오셔서 기독교의 메시지를 전한다는 소식을 들었습니다. 우리도 평화의 종교입니다. 날씨가 무척 더우시죠? 이 음료수 드시고 전도하시면 좋을 것 같습니다. 이것 좀 드세요."

　그들이 권한 음료수는 강력한 독약을 넣은 주스였습니다. 덥기도 하고 이 섬 주민들의 호의를 마다하기도 어려워서 마르쿠스 목사님은 그저 감사한 마음으로 아무것도 모른 채 그 독약 주스를 벌컥벌컥 다 마시고 말았습니다.

　그런데 10분이 지나도록 목사님에게 아무 반응이 나타나지 않았습니다. 그 독약 주스는 1분 안에 죽는 강한 독약이었습니다. 목사님이 곧바로 죽을 거라고 기대했던 무슬림들이 당황하기 시작했습니다. 마르쿠스 목사님은 위가 쓰리거나 배가 아프지도 않고 멀쩡했습니다.

　무슬림들은 당신이 믿는 하나님은 누구신지, 예수 그리

1년 365일을
매일 12시간씩
금식하며 전도하는
마르크스 목사님

스도는 누구신지를 궁금해하기 시작했습니다. 맹독성 독약을 마시고도 어떻게 살 수 있는지 참으로 놀라웠기 때문입니다. 이날 이후 섬에는 목사님이 죽지 않은 기적과 함께 복음이 강력하게 전파되었습니다.

365일 날마다 12시간 이상 금식하며 전도한 마르쿠스 목사님은 개척 몇 년 만에 무려 다섯 개의 교회를 개척하고 수많은 무슬림들을 주님 품으로 인도해 교회 성도들이 되게 했습니다.

하나님께서 하신 일이 어찌 이리 아름다운지요! 오직 하나님께 영광을 돌립니다!

또 이르시되 너희는 온 천하에 다니며

만민에게 복음을 전파하라

믿고 세례를 받는 사람은 구원을 얻을 것이요

믿지 않는 사람은 정죄를 받으리라

믿는 자들에게는 이런 표적이 따르리니

곧 그들이 내 이름으로 귀신을 쫓아내며

새 방언을 말하며 뱀을 집어올리며

무슨 독을 마실지라도 해를 받지 아니하며

병든 사람에게 손을 얹은즉 나으리라 하시더라

- 마가복음 16:15-18

미전도 종족
마두라 Madurese 족과
토니 Tony 부부

인도네시아에서 미전도 종족으로 마두라(Madurese)족이 있습니다. 이들은 흔히 가장 무섭고 성격이 거칠고 다혈질적인 것으로 알려져 있습니다.

전에 한번 마두라인의 안내를 받아 혼자 마두라 섬에 들어가 일반인 집에서 숙박을 했던 경험이 있습니다. 다른 지역에 비해 강성 이슬람 지역이었고 마두라족이 제가 선교사인 것을 알고 있다는 생각에 밤새 긴장이 되어 잠을 설쳐야만했던 기억이 있습니다.

마두라족은 특히 명예를 중요하게 생각하며 모욕을 당하면 참지 못하는 기질로 '다혈질 민족(hot-headed people)'으로 묘사되기도 합니다. 그들의 문화 중심에는 간음을 하거나 가축을 도난당하거나 대중 앞에서 모욕을 당할 경우에 '피를 흘리는 복수'를 한다고 알려져 있습니다.

이러한 마두라족 사람들을 인도네시아 사람들은 무자비하고 폭력적인 종족이라고 생각하기 때문에 회사의 직원으로 채용하지 않습니다. 그래서 그들에게 취업은 매우 어려워 흔히 말하는 3D업종인 힘들고(Difficult), 더럽고(Dirty), 위험한(Dangerous) 일을 주로 하며 힘겹게 살고 있는 실정입니다.

「마두라 족은 상대방의 기분이나 주변 상황을 고려하지 않고 자신의 의사를 직설적으로 밝힙니다. 마두라 속담에 '앙고안 뽀드야 똘랑 에뜨방 뽀드야 마따(Ango'an poteya tolang etebang poteya mata)'라는 것이 있습니다. 이를 인도네시아어 표준말로 고쳐 해석해 보면 '모욕을 당하느니 죽는 편이 낫다'라고 합니다. Lebih baik berputih tulang (mati) daripada berputih mata (menanggung malu).

마두라 사람들에게 명예와 자존심은 자신뿐만 아니라 가족과 종족 사회 전체에 적용됩니다. 대중 앞에서 수치스러운 일로 모욕을 당한다는 것은 마두라 사회의 구성원으로 살 가치가 없다는 것입니다. 심한 경우 상대방의 목을 베는 '피의 보복'을 주저하지 않습니다.

마두라족 성인 남자는 즐루릿(Celurit)이라 칭하는 초승달 형태를 한 예리한 다용도 낫을 지니고 다닙니다. 이들은 베어낸 목을 숨기지 않고 긴 장대 끝에 꽂아 동네 어귀에 세워놓는데 이런 행위를 짜록(Carok)이라고 합니다.

이렇게 짜록을 거침없이 행하는 마두라인들이 야만성을

매우 유명한 마두라족 소몰이 경기

박흥신 선교사가 살고 있는 마을에서는
해마다 구약의 대규모 동물 제사를 드립니다.

지닌 것은 분명하지만 다른 한편으로 이들은 신뢰를 쌓은 상대와 매우 돈독한 인간관계를 유지합니다.」*

　제 경험에 비추어 보아도 정말 그런 것 같습니다. 저와 친구처럼 지내는 지인 한 명은 특이하게도 모든 직원을 마두라인으로만 100% 구성해서 공장을 운영하며 사업을 하고 있습니다. 마두라인 직원들은 환경이 매우 힘들고 열악할지라도 정말 열심히 일을 한다고 합니다.
　가끔씩 저희 부부가 찾아가 아무런 조건 없이 사랑의 마음을 표현하면 이들의 눈망울에 기쁨과 행복이 차오름을 보게 됩니다. 마치 이들의 마음이 열리는 소리가 들리는 듯합니다. 이런 모습 속에서 마두라인들도 신뢰를 쌓으면 반드시 무서운 종족만은 아니요 돈독한 인간관계를 맺을 수 있는 가능성이 있다는 것을 느낍니다.
　마두라족 대부분은 샤피(Shafi)계 수니파 무슬림(이슬람교도)들로서 99.88%가 무슬림입니다. 그러나 실제로 그들의 종교는 매우 다른 신앙 체제가 뒤섞인 혼합형입니다.
　이들은 행운과 성공을 보장받기 위해 그들만의 이슬람 신앙 속에 다양한 마술과 마법을 주입하고 혼합합니다.

　이러한 척박한 혈통의 마두라 출신인 무슬림 토니(Tony)가 외지에서 전도를 받은 후 그리스도인이 되었고 그의 삶은 완전한 반전 인생이 되었습니다. 그는 매우 신실한 크

---

* 2017. 2. 1 데일리 인도네시아 기사 [양승윤 칼럼] 마두라 족은 왜 강성인가?

리스천 아내 루디아(Ludiya)를 만나 아름다운 그리스도인 가정을 꾸렸습니다. 토니는 주님을 영접한 후 복음의 열정이 매우 커져서 그 무섭고 두려운 자신의 고향인 마두라 섬으로 수십 차례 들어가 목숨을 걸고 전도를 했습니다.

마두라 섬은 전도하기가 매우 어렵고 위험한 지역으로 타 지역에 비해 전도의 제약이 더 컸습니다. 전에 선교팀과 함께 마두라 지역을 방문한 적이 있었는데 전세버스 안에서 기도하는 것조차 매우 조심스럽고 위험한 상황으로 경험했을 정도입니다.

마두라에서 종교를 기독교로 개종할 경우에는 온갖 핍박과 고문, 심지어 사형까지도 당할 수 있습니다. 100년 동안 간헐적인 선교 사역과 전도 여행이 인도네시아에서 이루어졌다고 들었습니다만 마두라족은 2020년 현재도 여전히 미전도 종족 상태입니다.

그럼에도 토니는 자신이 영접한 주님의 은혜가 매우 컸기에 자신의 민족인 마두라인들에게 복음을 전하고자 생계를 위한 모든 직업을 포기했습니다.

맨땅에 헤딩하듯이 그는 마두라 섬에 맨몸으로 들어가 아무런 지원과 배경 없이 전도를 했습니다. 위험한 순간들을 수차례 겪었으며 투옥도 여러 번 당했고 이제는 무슬림들의 블랙리스트가 되어 더 이상 마두라 섬에 들어가지 못하게 되었습니다.

그는 오직 전도자로서 살아가기 위해 어떠한 직업도 갖지 않았습니다. 경제적으로 여유가 없었을 텐데 늘 밝은 표정이었습니다. 우리 부부를 보면 매우 기뻐하며 달려와 반가워하는 토니를 대할 때마다 그가 가진 복음의 열정에 저의 고개가 숙여졌습니다. 또한 토니의 아내 루디아는 인도네시아에서 엘리트 중에서도 엘리트였습니다. 그런 그녀 또한 복음의 열정이 대단했습니다.

우리 부부는 열정적인 이들 부부와 함께 어떻게 하면 미전도 종족인 마두라인들에게 복음을 전할 수 있을까를 고민하기 시작했습니다. 마침 이들 부부가 사는 지역에는 경제적인 문제를 해결하고자 마두라 섬에서 나온 사람들이 있었습니다. 이들은 2009년 3월 1일 인도네시아에서 가장 긴 다리로 기록된 동부 자바 수라바야와 마두라 섬을 연결하는 다리인 수라마두 대교(Jembatan Suramadu)를 넘어와 시장을 중심으로 마두라인들만 사는 집단촌을 이루어 살아가고 있었습니다.

우리는 그곳에 마두라 선교센터를 만들면 어떻겠냐고 이야기했습니다. 토니와 루디아가 마두라 섬으로 직접 들어갈 수는 없게 되었지만 새로운 전도의 길을 찾을 수 있게 되었습니다.

때마침 토니 부부가 그곳에 자신들이 살 작은 집을 마련했다고 해서 그곳에 가보았습니다. 작고 허름한 집이었지만 한 층을 더 올려 2층이 되면 훌륭한 선교센터가 될 것 같은 기대가 생겨 기도가 흘러나왔습니다.

그렇게 기도를 한 후 몇 달의 시간이 흘렀습니다. 주님께서는 한국에서 CHJK교회 은퇴를 앞두신 전혀 안면이 없었던 김경곤 목사님을 만나게 해주셨고 함께 토니의 집을 방문하게 하셨습니다.

당시 김 목사님은 암으로 투병 중이셨는데도 개인적으로 한 달 한 달을 저금해서 모아온 귀한 물질을 선교를 위해 아낌없이 다 내어주셨고, 늘 사랑이 넘쳐 존경할 수밖에는 분이었습니다.

김 목사님께서는 개인의 물질뿐 아니라 성도들과 교회에 후원을 받아 마두라 선교센터를 짓자고 하셨습니다. 그렇게 모인 물질로 마두라 종족을 위한 선교센터가 시장 한복판 마두라인들이 집단으로 살고 있는 거주지에 아담하게 세워졌습니다.

또한 김 목사님은 은퇴 후에도 계속 암 투병 중이셨음에도 불구하고 발리에 힌두교인들을 위한 선교센터와 동부 자바에 디안삭띠 기독중고등학교 기숙사를 위하여 개인이 저금한 돈을 계속해서 무명으로 봉헌하기도 하셨습니다.

우리는 마두라족 어린이들과 마두라인들을 위한 의료 선교와 문화 선교, 영어교육 선교를 비롯해 노래, 독서, 컴퓨터, 놀이 등의 여러 가지 프로그램을 열어 일주일 내내 선교를 했습니다. 그리고 지금까지도 이 모든 선교가 열정

마두라 선교센터에 모인
무슬림 동장들의 모임

마두라 선교센터를 세운
김경곤 목사님과 사역자 토니 부부

적으로 행해지고 있습니다. 때로는 히잡(질밥, Jilbob)을 쓴 여러 여성 동장들의 모임이 이곳에서 열리기도 합니다.

지금 글을 쓰고 있는 이 순간에도 토니와 루디아로부터 마두라 선교센터에서의 필요한 사항들과 기도 제목이 오가며 열정적인 선교 현장이 담긴 사진과 영상들이 핸드폰으로 계속 전달되고 있습니다.

2020년 현재는 더 몰려오는 마두라 어린이들로 인하여 교실이 부족해 또 하나의 교실을 지을 수 있는 후원자를 2년째 기다리고 있을 정도로 아이들이 많아지고 있는 상황입니다.

이제는 더 이상 마두라 섬에 들어 갈 수는 없지만 하나님께서는 마두라인들이 모인 집단촌 거주지에 토니와 루디아를 살게 하시고 그들을 통해 오늘도 복음이 전파되도록 역사하시고 계십니다.

내가 복음을 부끄러워하지 아니하노니

이 복음은 모든 믿는 자에게

구원을 주시는 하나님의 능력이 됨이라

첫째는 유대인에게요 또한 헬라인에게로다

- 로마서 1:16

그러므로 네가 우리 주의 증거와 또는

주를 위하여 갇힌 자 된 나를 부끄러워 말고

오직 하나님의 능력을 좇아

복음과 함께 고난을 받으라

- 디모데후서 1:8

이를 인하여 내가 또 이 고난을 받되

부끄러워하지 아니함은 나의 의뢰한 자를

내가 알고 또한 나의 의탁한 것을

그날까지 저가 능히 지키실 줄을 확신함이라

- 디모데후서 1:12

인도네시아
까리문자와(Karimunjawa)

2부

은혜 그리고
인도하심

생각지 못하던
고아원을 시작하다

사람들은 발리를 세계적으로 매우 아름답고 유명한 관광 지로만 알고 있는 듯합니다. 하지만 발리 서부는 농사 외 에는 아무것도 하기 어려운 척박한 지역입니다.

우리 부부가 처음으로 이곳 발리 서부를 갔을 때 갑자기 발생한 수십 명의 고아들을 만나게 되었습니다. 어느 날 발리 서부에 위치한 한 고아원 원장님이 오토바이를 타 고 가던 중에 교통사고를 크게 당했습니다. 이 사고로 원 장님은 갑작스럽게 돌아가셨고 고아원 원아들만 남겨지 게 되었습니다.

고아원으로부터 월세를 받기 어렵게 되자 건물 임대인은 무슬림 관리인과 아이들을 모두 쫓아냈고 이들은 결국 길 거리로 나와야만 했습니다. 하루아침에 원아들은 길에서 살아야 하는 처지가 되었습니다. 먹을 것은 물론 물도 화 장실도 없는 무더운 길거리에 나온 상황을 설명하며 다른 고아원에 아이들을 받아 달라고 간절하게 부탁했지만 재정적 어려움을 이유로 거절당했습니다.

우리 부부는 그 일이 일어나기 몇 달 전부터 발리 서부의 아주 작은 개척 교회를 섬기고 있었습니다. 이 현지 교회는 한 달에 헌금이 만 원에서 이만 원 정도 나오는 아주 가난한 교회였습니다. 기초적인 생활조차 어려운 이 교회 목회자인 안셀무스(Anselmus) 목사님은 플로렌이라는 예쁜 딸이 있었는데, 어린 플로렌은 서너 살이 될 때까지 영양실조로 걷지 못할 정도였습니다. 저희는 경제적으로 어려움을 겪고 있는 목사님의 기초적인 생활 문제부터 해결해 주고자 했습니다. 그런데 자신도 힘든 상황에서 이 목사님은 길거리에 버려진 이 고아들을 다짜고짜 교회로 데리고 왔습니다. 그때 마침 사람을 통해 일하시고 역사하시는 하나님께서 멀리 동부 자바에 있는 우리 부부를 부르셔서 그 아이들을 만나게 하셨습니다.

우리 부부가 가서보니 입이 다물어지지 않았습니다. 아이들은 매우 참담한 모습이었습니다. 현지 개척 교회의 허름하고 창고 같은 어두운 곳에 임시로 거주하고 있었습니다. 먹는 것, 입는 것뿐만 아니라 세면 시설, 화장실 등 아이들이 머물기에는 모든 것이 열악한 환경이었습니다.

화장실이 하나밖에 없어서 한 명이 화장실에 들어가면 수십 명의 아이들이 발을 동동거리며 기다려야 했고, 먹을 음식도 턱없이 부족했습니다. 잠을 잘 수 있는 공간은 바람이 들어오는 허술한 시멘트 블록 옆 임시 공간으로 서로를 의지한 채 다닥다닥 붙어 아이들은 쪽잠을 자야만 했습니다.

아이들을 만난 순간 시편 68편 5절 "그의 거룩한 처소에 계신 하나님은 고아의 아버지시며 과부의 재판장이시라"는 말씀이 떠올랐습니다. 그렇게 하나님께서는 아이들을 향한 주님의 마음을 우리 부부가 품게 하셨고 끊임없이 가엽고 불쌍히 여기는 긍휼의 마음이 들게 하셨습니다. 우리 부부는 성령님의 감동주심과 역사하심으로 아이들에 대한 거룩한 부담감을 가지게 된 것입니다.

"그래! 전혀 생각지 못했던 일이지만 고아원을 시작해야 겠다. 이 아이들을 이곳에서 누가 당장 돌볼 수 있을까? 우리에게 이 마음을 주신 분도 하나님이시니 비록 돈은 없지만 아이들을 위해 거처를 마련해서 아이들이 편하게 잘 수 있는 고아원을 시작해보자!"

고아원 설립은 그렇게 갑자기 예상치 못하게 시작되었습니다. 그날부터 우리는 고아원 설립을 위해 결단하고 기도를 시작했습니다. 가까운 지인들로부터 사랑의 모금이 모였고 어려운 과정들을 겪었지만 1년 만에 작은 집 한 채를 고아원으로 새로 설립해 모든 아이들의 거처를 옮길 수 있었습니다. 그뿐 아니라 한국에 있는 동천교회(정영식 목사님), 장위중앙교회(김학수 목사님), 주님의교회(김완일 목사님)를 비롯한 6개의 교회에서 연합해 무려 8년 동안 그리스도의 사랑으로 후원해주셨고, 무명의 천사들도 모금을 계속해주었습니다. 그리하여 2020년 현재 고아원 건물로서 외형을 갖추게 되었고 원아들에게 예쁘고 행복한 안식처로서 모습도 갖추게 되었습니다.

우리 원아 중에는 태어날 때부터 장애아로 태어난 크리스틴(Christine)이라는 여자아이가 있습니다. 이 아이는 한손의 크기가 다른 손에 비해 두 배나 크고 그 손에는 큰 통증이 있었습니다. 병원에서는 이 통증의 강도가 여성이 아기를 낳을 때의 통증과 같거나 더 심할 거라고 했습니다. 크리스틴은 10대가 되도록 이 통증으로 괴로워하면서 살아왔습니다. 할 수 있는 것은 그저 통증만 낮추는 진통제를 복용하는 것뿐이었습니다.

어느 날 발리에 있는 병원에서 연락이 왔습니다. 손을 그대로 두면 큰일나니 이번에는 반드시 손을 잘라야 한다는 충격적이고 안타까운 통보였습니다. 정서적으로 민감한 사춘기에 접어든 여중생에게 손을 자른다는 건 정서적 사망 선고나 다름없는 일이었습니다.

크리스틴이 고통 중에 있을 때 저의 지인이자 한국에서 목회를 하시는 서현 목사님이 선교팀을 이끌고 선교 사역을 하러 저희 고아원에 왔습니다. 크리스틴의 손을 보신 목사님은 기도를 해주셨습니다. 그러면서 한국의 한 교회와 사랑을 실천하는 한국선의복지재단, 그리고 수술을 맡을 종합병원까지 연결이 되었습니다. 아이의 치료를 위해 서로 하나가 되어 크리스틴을 한국으로 초청까지 할 수 있었습니다.

그렇게 크리스틴은 중학생 때 한 번, 고등학생 때 한 번 총 두 번의 큰 수술을 받았고 수술 비용을 포함한 모든 경비 전액을 100% 지원받았습니다. 게다가 손 전체를 자르지 않고 손가락 하나만 제거했으며, 통증도 거의 완화되어 고통에서 벗어나게 되었습니다. 크리스틴은 새로 태어난 것처럼 행복해했습니다. 발리에서는 십대 후반에 결혼을 많이 하는데 크리스틴은 지난 2018년에 신랑을 만나 19살에 결혼을 하고 힌두인인 남편을 전도하여 주님을 영접하고 세례를 받도록 신앙으로 이끌었습니다. 그녀의 삶은 많은 사람들에게 깊은 감동을 주었고 2020년 현재 아이도 낳아 행복한 가정을 이루어 살고 있습니다.

우리가 생각하기에는 많이 부족한 후원인데도 고아원 아이들은 믿음 안에서 명랑하고 즐겁게 서로가 서로를 아끼며 잘 성장해갔습니다. 어느 날 고아원 원아인 마르디(Mardy), 빨루삐(Palupy), 마리아(Maria)가 저희 부부에게 연락을 해왔습니다. 아이들은 우리를 한국식으로 아빠 엄마라 부릅니다.

"아빠 엄마! 우리 대학교 시험에 붙었어요!"

우리는 뜻밖의 소식에 깜짝 놀랐습니다. 넉넉하지 않은 환경인 고아원에서 자라면서 공부해서 대학교 시험에 붙다니 정말 대견했습니다. 우리 부부는 진심으로 축하해주었습니다. 그러나 얼마 지나지 않아 등록금을 포함한 현실적인 문제들과 여러 걱정들이 파도처럼 밀려오기 시작했습니다. 부모가 있는 일반 대학생은 등록금만 해결하면 됩니다. 그러나 고아원 출신 아이들은 등록금뿐만 아니라 생활비, 대학교 후원금, 학교 행사비, 용돈, 학용품, 핸드폰, 노트북, 거주할 집이나 기숙사 등 모든 것이 해결되어야 합니다.

빨루삐(Palupy)는 대학교에 가서 알아보더니 등록금을 감당하기도 힘들지만 등록금 외에 비용도 꽤 크다는 것을 알고는 대학을 포기하겠다고 단단히 마음을 먹고 고집을 부렸습니다. 우리 부부는 단지 돈 문제로 학업을 포기한다는 것이 안타까웠습니다. 무슨 일이 있어도 대학교는 졸업시켜 줄 테니 그 문제는 우리에게 맡기고 열심히 공부하라고 권면하고 달래서 입학을 시켰습니다.

발리에서 대학교를 졸업하면 아이들이 한층 좋은 환경에서 크리스천으로서 사회에 뿌리를 내릴 수 있어 감사했지만 한편으로는 무일푼인 상황에서 아이들을 후원하는 일이 큰 부담이었습니다. 그러나 주님께서는 사업을 하는 후원자와 후원 교회를 만나게 하셨고 아이들이 대학 생활을 시작할 수 있게 하셨습니다. 또한 고아원에서 고3이 된 아이들이 연속으로 전문학교에 입학할 수 있었습니다. 어떤 해에는 같은 고아원에서만 무려 7명이 대학교와 전문학교에 다니게 되었습니다. 그럴 때마다 어려운 환경에서 자라난 아이들의 꿈을 꺾지 않고 더 좋은 환경이 갖춰진 사회에 뿌리내릴 수 있도록 뒷바라지를 해주고 싶었습니다.

하지만 사랑으로 시작한 한국에 후원자와 교회는 1년이 넘으면서 후원을 지속하지 못했고 결국 모든 후원이 중단되고 말았습니다. 결국 우리 부부에게는 앞으로도 수년간 견뎌내고 감당해야할 엄청난 재정적 부담이 남게 되었습니다. 물론 선교지에서는 빈번하게 일어나는 일이기도 합니다.

성경말씀 욥기 8장 7절에 "네 시작은 미약하였으나 네 나중은 심히 창대하리라"는 말씀이 있는데 간혹 선교지에서 받는 선교 후원은 역설적으로 시작은 창대하나 나중은 심히 미약해지는 경우가 많았습니다.

모든 선교사들에게 크리스마스가 있는 12월은 공포의 시간이기도 합니다. '크리스마스의 악몽'이란 영화처럼 12월이 되면 몇 개월 전에 미리 통지하지도 않고 어느 날 갑자기 선교 후원이 뚝 끊어지는 공포가 전 세계에 흩어져 계시는 수많은 선교사들에게 일어나기 때문입니다.

그럼에도 불구하고 변치 않고 후원해주신 동천교회 정영식 목사님, 엄청난 사랑을 부어주시는 휴전선 부근에 있

원아들의 연령은 3살부터
고등학교 3학년까지 다양합니다.

아이들과 함께 처음으로
발리 여행을 가서 찍은 사진

는 원당교회 김광철 목사님으로 인해 아이들에 대한 책임을 끝까지 다할 수 있었습니다. 또한 우리 딸들과 사돈 부부의 아낌없는 사랑의 후원은 2020년 현재 7명의 아이들이 학교를 졸업하고 자신들의 둥지에 뿌리를 내리게 해주었습니다.

특별히 착하고 온 마음으로 헌신하던 마리아는 신학대학교를 졸업하고 고아원 출신으로는 최초로 파프아뉴기니에 선교사로 파송되었습니다. 그때 우리 부부는 큰 보람을 느꼈고 귀한 열매를 맺기 위한 선교사로서의 첫걸음을 마음껏 축복해주었습니다. 2020년 8월에는 고아원 출신으로 띠보(Tibortius)와 알비아누스(Alvianus)가 신학대학교와 전도자학교에 입학하는 큰 기쁨을 함께 누릴 수 있었습니다.

이후에도 하나님께서 원하셔서 생각지도 못한 지역인 발리 서부와 중부에 연속해서 고아원 세 곳을 설립하게 되었습니다. 그냥 노숙하다시피 버려진 아이들을 바라보고 있으려니 주님의 눈으로 보는 것처럼 불쌍하게 보여서 지나칠 수가 없었습니다. 무지하고 계산적이지 못하다보니 아이들을 무턱대고 대학교에 보냈습니다.

아이들은 우리 부부가 얼마나 힘들어하며 자신들을 대학에 보냈는지 알았습니다. 어느 날은 아이들이 먼저 와서 이제는 더 이상 우리 부부를 고생시키기 싫다며 대학이 아닌 기술고등학교에 들어가서 졸업한 후 취업을 하겠다고 의사를 표현했습니다. 자발적으로 한 결심이었기에 현재는 원내 모든 고등학생들은 자연스럽게 요리학과, 의상학과, 관광학과 등의 기술고등학교를 다니고 있습니다. 감사하면서도 한편으로 아이들에게 미안한 일이었습니다.

"복음과 사랑이 전파될 수 있는 곳이라면 인도네시아 어느 곳이든 좋습니다. 언제나 새로운 선교지를 주옵소서!"라는 기도를 해왔는데 하나님께서는 늘 생각지도 못한 이곳저곳에 쉬지 않고 사랑과 복음을 심게 하셨습니다. 그러다보니 장거리 선교가 자연스러워졌습니다.

우리 집에서 고아원을 가려면 자동차로 가다가 1시간 바다를 건너고 또 다시 자동차로 가야합니다. 그렇게 운전만 12시간해서 왕복 총 24시간이 걸립니다. 그래도 봉고차에 아이들 과자와 옷, 선물을 가득 싣고 달릴 때면 12시간 운전이 그저 행복합니다. 대학교에 다니고 있는 아이들이나 취업한 아이들을 만나려면 운전만 16시간, 왕복 총 32시간이 걸립니다. 이럴 때면 '체력이 선교다'라는 생각이 절로 듭니다.

도로가 열악하고 중앙선 침범이 워낙 잦은 곳이라 운전하다보면 간혹 오고가며 사망 사고들을 볼 때가 있습니다.
또 장기간 운전을 하다 보니 최근에는 목 디스크로 4개월째 고생하고 있기도 합니다. 목 디스크가 이렇게 아픈 것인지 이번에 처음 알았습니다.

중고로 등교용 자동차를 산 후
무척 기뻐서
함께 기도했습니다.

매주 각 나라
국기를 보면서 열방을 위해
기도하는 아이들

다른 선교지도 어려움이 많았지만 특히 발리 서부에 위치한 세 군데의 고아원을 섬기면서 어려움을 많이 겪었습니다. 고아원 관리비, 아이들 고등학교 등록금, 관리자 월급, 의복비, 교통비, 아이들 생활비 등을 제외하니 원아 한 명당 식사 비용이 천 원도 부족한데 심지어 이백 원도 안 나오는 어렵고도 긴급한 상황이 되었습니다. 그러면서 또다시 기도를 하게 되었습니다.

이럴 때면 저는 늘 조지 뮬러(George Muller, 1805-1898년)가 생각납니다. 역사상 기도 응답을 가장 많이 받은 사람, 5만 번 이상 응답을 받은 고아의 아버지인 그가 얼마나 존경스럽고 대단한 인물인가를 새삼 깨닫습니다.

최근에 5살 쯤 되는 아주 어린 남자아이가 고아원에 들어오게 되었습니다. 경제적으로 힘든 가운데 아빠 없이 엄마랑 단둘이 살고 있었는데 먹고 입을 것이 없어 엄마가 음식과 물건을 훔치다 붙잡혀 교도소에 가게 되었다고 합니다. 홀로 남은 아이를 누구도 돌봐 줄 수가 없어 우리 고아원으로 오게 된 것입니다. 어느 날 아이들을 데리고 KFC에 가서 닭고기와 음료수를 사주었는데 이 아이가 무척 행복해하던 모습이 기억에 남습니다. 지금은 누구보다도 잘 적응하고 있습니다.

저는 아직도 너무나 부족하기에 '네 입을 크게 열라 내가 채우리라'는 시편 81편 10절 말씀을 기억하며 기도하고자 합니다.

특별히 발리 서부 두 곳과 발리 중부 한 곳에 있는 고아원 원아들을 소개하고 싶습니다. 이 아이들은 얼굴이 참 밝습니다. 날마다 예배를 드리고 또 찬양과 기도를 얼마나 잘 하는지 모릅니다. 주일마다 나라별 국기를 보며 전 세계와 열방을 위해 기도를 합니다.

설립한 3개의 고아원에서 고등학교 졸업을 앞둔 원아들과 어린 원아들이 이 글을 쓰고 있는 지금도 무럭무럭 자라고 있습니다. 우리 부부는 그저 "내일 일은 난 몰라요 하루하루 살아요"라는 찬양 가사가 절로 고백될 뿐입니다.

그의 거룩한 처소에 계신 하나님은

고아의 아버지시며 과부의 재판장이시라

- 시편 68:5

네 고아들을 버려도 내가 그들을 살리리라

네 과부들은 나를 의지할 것이니라

- 예레미야 49:11

발리의 밀림
블림빙사리 Blimbingsari
기독교 마을의 기적

우리 부부가 발리 중서부에서 사역하면서 꼭 한번 가보고 싶었던 곳이 있었습니다. 그곳은 잘 알려지지 않은 마을, 하지만 신비하다는 소문이 무성한 발리 서북부 밀림 속 블림빙사리(Blimbingsari)입니다. 이곳은 100% 기독교인이 살고 있는 기독교 마을입니다.

 2년 전 발리 서북부 밀림 속에서 밤이 되도록 숙소를 찾지 못한 적이 있었습니다. 불빛조차 없는 밀림 속에서 위성 네비게이션을 보면서도 헤맸습니다. 끝내 현지인의 도움으로 겨우 숙소를 찾은 경험이 있었기 때문에 발리 서북부 밀림에 있는 곳에 들어가는 것이 마음처럼 쉽지 않았습니다.
 그러나 우리 부부는 2019년 12월 6일, 밀림 속에 있는 블림빙사리 기독교 마을 한 지점을 향해 운전을 시작했습니다.

2년 전처럼 크게 고생하지는 않았으나 몇 번 헤매이고 다시 길을 찾는 반복의 과정이 있었습니다. 그러다 블림빙사리 기독교 마을과 가까워진 것 같았습니다. 자동차를 타고 마을로 들어가는 우리가 신기한지 하교 후 집으로 걸어가는 초등학생들이 웃으며 바라보았습니다. 우리는 아이들과 마을 주민들에게 물어물어 가며 목적지를 향했습니다.

드디어 우리가 찾던 블림빙사리에 도착했습니다. 밀림 속에 위치했음에도 마을은 예상외로 깨끗했고 일반 마을과는 조금 달랐습니다. 기독교 심벌(Simbol)을 새겨놓은 현수막 여럿이 거리에 세워져 있었고 십자가 형태의 사거리 한복판에는 십자가 기둥이 서 있었습니다. 이곳이 발리란 특성을 생각해 볼 때 매우 반가우면서도 이색적이라 색다른 기분이 들었습니다.

마을 곳곳을 다니며 마을의 모습을 사진으로 담았습니다. 그러다 기독초등학교가 눈에 들어왔습니다. 그리고 마침 한 여자분이 우리에게 다가오더니 "어디에서 오셨어요?"라고 물었습니다. 우리의 얼굴이나 모습이 타 지역에서 온 것이 분명해 보였기에 "인도네시아에 살지만 한국에서 온 사람들입니다"라고 대답을 했습니다. 그분은 반갑게 "그러시면 학교 안으로 들어오셔서 커피 한 잔 하시는 거 어떠세요? 대화를 나누고 싶어요!"라고 권했습니다.

우리 부부는 흔쾌히 그분을 따라 들어갔습니다. 그곳은

교장실이자 교무실이었고 그분은 교장 선생님이었습니다.

　블림빙사리 기독교 마을에 있는 유일한 초등학교인 이곳 마라나타 기독초등학교에 대한 이야기를 들으면서 놀란 것은 학생들의 50%가 고아라는 사실이었습니다. 그 말에 우리 역시 발리에서 3개의 고아원을 설립해 운영하고 있는 것과 그 사역에 대한 이야기를 하게 되었습니다. 갑자기 대화 중에 놀라지 않을 수가 없었습니다. 우리가 사역하고 있는 제2의 고아원을 담당하고 있는 로이 목사님과 교장 선생님이 가족이라는 것입니다.

　우리 부부는 새해가 다가올 때마다 하나님께 이렇게 기도하고 있었습니다. "하나님! 우리가 계획해서가 아니라 복음이 꼭 필요한 곳, 그리고 선교적으로 반드시 우리가 섬겨야 하고 만나야 하는 마을이나 지역, 사람이나 장소가 있다면 만나게 해주시고 성령의 감동이 있게 해주세요!"라고 말입니다. 지난날 사역을 시작할 때마다 느꼈던 성령의 감동이 교장 선생님과 이야기를 나누던 중 동일하게 느껴지면서 해마다 해온 기도의 응답이란 확신이 들었습니다.

　이곳 블림빙사리 기독교 마을은 접근이 쉽지 않습니다. 비행기로 온다 해도 발리 응우라이 국제공항(Ngurah Rai International Airport)에서 이곳까지 자동차로 5시간 이

블림빙사리 마을 중심에 있는 간판

이 지역에서 유일한
기독초등학교 어린이들

상을 와야 합니다. 그리고 우리 부부가 집에서 자동차로 오는데 10~12시간을 운전했으니 동부 자바에서 오려면 시간이 훨씬 더 많이 걸립니다.

이렇게 교통 문제만으로도 이곳을 오기가 쉽지 않습니다. 그러니 선교적 도움을 받기에 더더욱 어려움이 있는 곳입니다. 그런데 어떻게 힌두교로 가득한 발리에서 100% 기독교인으로, 그것도 밀림 속에 마을이 형성될 수 있었을까요?

그 신비한 역사를 자세히 보여주는 기독일보의 기록물을 소개해 드릴까 합니다. 아래의 내용은 복음기도신문에 2019년 5월 25일자 카드뉴스에 실린 블림빙사리 기독교마을 기사 내용입니다.

"인도네시아 발리의 기독교 마을, 블림빙사리에 가다"

공중에서 보면 십자가 형상이 분명한 마을도로와 마을 곳곳에 새겨진 기독교 유산이 있는 곳. 힌두교 문화 한복판에 기독교 마을이 어떻게 생기게 됐을까? '최초의 발리 기독교 마을'인 '블림빙사리'를 소개한다.

1866년 '제이콥 드 브롬'과 '반 에크'는 네덜란드 울트렉 선교회를 통해 인도네시아 발리로 파송 받았다. 그들은 7년 만에 개종자 한 명에게 세례를 주었다. 그러나 그가 선교사 제

이콥을 살해한다. 이 사건으로 선교단체들은 모든 선교사를 소환했다.

50년 후인 1931년, 기독교선교사협의회는 중국인 전도자 '장 또항'을 발리 지역에 파송했다. 그를 통해 초기 발리 선교의 부흥에 빼놓을 수 없는 일이 벌어진다. 매일같이 집집마다 방문하여 복음을 전하던 장또항은 부둑에서 절망에 빠져있는 주술사 빤로띵을 만나게 된다.

빤로띵은 부둑 지역에서 대주술사로서 엄청난 영향력을 가진 자였다. 그러나 그는 원수지간이었던 사누르 지역의 대주술사와 대결에서 패해 3개월 안에 죽어야하는 저주를 받고 절망 가운데 연명하고 있었다.

장또항은 절망에 빠져있는 빤로띵에게 예수 그리스도가 영원한 생명이 되심을 전했다. 그는 예수 그리스도를 구주로 영접했고, 3개월 후에도 여전히 살아있었다. 저주에서 살아남은 그의 제자들도 더불어 주님을 영접했다.

그 후 빤로띵은 저주를 걸었던 원수에게 찾아간다. 사누르 지역 대주술사와 그의 제자는 빤로띵을 보자 깜짝 놀라 줄행랑을 쳤고 다시 나타나지 않았다. 그 이후 예수님을 구주로 영접한 사람들이 급격히 늘어나 단 2년 만에 300여 명의 신자들이 생겨났다.

십자가형 도로가 마을 중심에 있는
블림빙사리

마을 중심인 이곳 브니엘교회에서부터
마을은 시작됩니다.

초기 발리 기독교인들은 자신들이 속한 지역의 모든 힌두 행사에 일절 참여하지 않았다. 결국 기독교인들과 힌두교인들 사이에 큰 분쟁이 일어났다. 극단적인 힌두교인들은 기독교인들이 소유한 재산을 압수하고 호적에서 지워버렸다.

모든 기독교 형식의 예배를 허가하지 않고, 기독교인들의 논에 물길을 끊어서 농사를 할 수 없게 했다. 심지어 기독교인들이 죽을 경우 매장지를 주지 않고 모든 구매활동도 제한했다.

급기야 인도네시아 정부는 모든 기독교인들에게 발리 서북지역 '블림빙사리'로 강제 이주 정책을 시행했다. 그곳은 악한 귀신들이 살고 있다고 믿는 버려진 땅이었다.

1939년 10월 30일, 기독교인들은 '블림빙사리'로 떠났다.

사람들은 기독교인들이 그 땅에서 자멸할 것이라 생각했다. 그러나 시간이 지난 어느 날, 경비행기를 타고 이 지역 상공을 날 던 한 독일인이 밀림 속에서 선명한 십자가 모양의 길을 발견한다.

블림빙사리의 기독교인들은 건재했다. 그들은 밀림지역을 개척해 십자가 모양의 큰 길을 만들고 그 길의 중심부에 교회(PNIEL, 브니엘교회)를 세웠다. 제비를 뽑아 소유지를 나누고 논과 밭도 경작하고 있었다.

이들의 놀라운 역사와 소식을 듣게 된 수많은 세계 각지의 성도들이 모여들기 시작했다. 발리 정부도 블림빙사리의 존재에 대해 부정할 수 없게 되면서 전기와 전화가 설치되었고 첫 초등학교가 세워졌다.

그 후로 지금까지 최고의 교육도시(어려서부터 성경을 읽기에 문맹이 없음), 가장 깨끗하고 안전한 마을로 선출되어 인도네시아 정부가 인정하는 관광도시로 주목받고 있다.

내 이름으로 불려지는 모든 자 곧 내가 내 영광을 위하여 창조한 자를 오게 하라 그를 내가 지었고 그를 내가 만들었느니라 - 이사야 43:7

최근에는 교인이 많아진 브니엘교회(Gereja Pniel)가 교인들을 다 수용할 수가 없게 되자 둘로 분립해 개척해서 예배를 드리고 있다는 소식을 들었습니다.

이처럼 놀라운 일이 넘치는 블림빙사리의 역사를 알게 되면서 우리 부부는 마을을 위한 기도를 시작했습니다. 또한 그날 받은 성령의 감동에 따라 초등학교를 자세히 돌아보며 어떤 어려움이 있는지를 알아보았습니다. 마을 안에 있는 고아원을 방문해 자세히 살펴보고 기도했습니다.

이곳 마을 주민들은 밀림 속이라는 지역적 특성으로 인

해 문명의 혜택을 누리지 못하고 있습니다. 주변에 마트나 상점도 없었습니다. 이 마을에 사는 초등학생들에게 선교적 관점에서 어떠한 영적, 지적, 육적 도움을 줄 수 있을까를 생각하니 막막했습니다.

그러던 중 소식을 들은 대학교 선배인 박기철 목사님과 동기 동창인 곽근열 목사님을 통해 그분들이 섬기시는 '힐미션'과 만나게 되었습니다. 주님께서는 2020년을 시작으로 힐미션 선교단체와 함께 선교적 사명을 감당할 수 있도록 길을 열어주셨습니다. 현재 코로나19가 어서 끝나기를 서로 간절히 기다리고 있는 중입니다.

하나님께서 어떠한 섭리를 가지고 앞으로 어떻게 선교 사역을 이끌어 가실지, 이 지역 어린이들을 어떻게 하나님의 일꾼들로 만들어 가실지, 또 어떤 기적을 허락하실지, 우리 부부는 간절한 마음으로 기대하고 있습니다.

브리따히둡
기독학교의 기적

어느 날 한 선교사님으로부터 전화가 걸려왔습니다.

"저는 인도네시아 선교사인데요. 박 선교사님께서 인도네시아 어디든지 어려운 선교지나 힘든 곳이 있으면 돕고 싶어하신다는 소식을 들어서요. 혹시 기회가 되시면 기독 초등학교 한 곳을 도와주실 수 있으세요? 저와는 관계가 없는 곳이지만 그 지역의 유일한 기독교 초등학교인데 많이 힘들고 어려워서 꼭 도와주셨으면 합니다."

"네, 선교사님. 그럼 제가 한번 가보겠습니다."

저는 동부 자바 빠기스 골목(Jawa Timur JL. Pakis)에 있는 '브리따히둡 생명의 소식 초등학교(Sekolah Dasar Berita Hidup)'라는 곳을 찾아다니기 시작했습니다. 처음 가보는 동네 골목골목을 다니며 열심히 찾아보았지만 아무리 찾아도 학교는 보이지 않았습니다. 그때 마침 한 아이가 지나가서 저는 그 아이에게 "얘야! 이 학교가 어디니?" 하고 물었는데 "어? 이 학교 우리 학교에요! 아저씨 저를 따라오세요!"라고 답하는 것 아닙니까?

  아이를 따라 학교에 도착했을 때 저는 너무도 놀랐습니다. '이곳이 정말 학교인가? 요즘도 이런 학교가 있는가?'라는 의문이 들었습니다. 입구는 동네 허름한 구멍가게 같았고 약 30평 정도인 건물 안에서 유치원 아이들과 초등학생들이 공부를 하고 있었습니다.
  부서진 책장과 초라한 책상, 그마저도 없는 아이들이 앉아서 수업 받는 모습이 안타까웠습니다. 어둠 속에 희미한 전구 하나, 골동품 같이 다 부서지고 먼지가 수북한 컴퓨터 두세 대, 이곳저곳 정리되지 않은 채 방치된 행정 서류들은 마치 전쟁 중에 임시 교실을 보는 것 같았습니다. 거기서 5분 정도 더 걸어서 동네 마을 회관 부근에 가보니 회관 마당 뒤에 자그마한 교실이 두 개가 더 있었습니다. 거기도 상황은 마찬가지였습니다.
  저희 부부는 교장 선생님과 유치원 원장 선생님을 만나 학교의 상황을 들어보기로 했습니다.

"선교사님! 이곳은 이 지역 유일한 현지 기독학교입니다. 대다수 아이들의 부모는 인력거꾼이거나 묘지기입니다. 인력거꾼은 '베짝꾼'이라고도 하는데 '베짝'을 살 돈이 없어 임대해서 일하는 부모가 대부분이고, 이 지역 대규모

공동묘지에서 묘지기로 부모들이 일하고 있으니 수입이 매우 낮습니다. 그러다보니 아이들이 수업료를 거의 내지 못하고 있습니다."

학교의 형편을 직접 보고 들은 그날 주님께서는 저희 부부에게 성령의 감동으로 어려움 속에 있는 이 학교를 살려야겠다는 강렬한 마음을 주셨습니다. 그날 이후 저희는 날마다 기도를 드리며 브리따히둡 기독학교를 살리기 위해 마음과 정성을 쏟았습니다.

학교를 살리기 위해 학교가 있는 마을 중심으로 바자회도 열고 의료 봉사도 했습니다. 그리고 학부모 엄마들이 한국에서 가지고 온 미용 마스크 팩을 붙이고 학교를 홍보하고 유치원과 초등학교 아이들에게 학용품과 과자를 전달하기도 했습니다. 또 모금과 후원처를 통해 학교 교실 전체를 깨끗한 환경으로 리모델링하는데 힘썼습니다. 이뿐 아니라 매달 학교에 운영 후원금을 보내주었습니다.

무엇보다 우리는 이 어려운 학교에서 매우 빈약한 월급을 받으며 그 어떤 위로나 격려조차 받지 못하고 희생하다시피 헌신하고 있는 선생님들을 위해 꼭 한번 맛있는 음식을 대접하고 싶었습니다. 후원처의 사랑과 배려로 약 15명 정도의 선생님들을 전부 학교 부근에 있는 호텔 뷔페로 초청했습니다.

"선생님들, 이 학교를 위해 그동안 헌신하고 수고하신 것

학교를 위한 바자회를 하며
선교의 도구였던 미용 마스크팩을 붙이고
학교를 홍보한 학부모들

브리따히둡
기독초등학교
아이들

에 감사해서 저희가 조금이나마 맛있는 음식을 대접하고 싶어서 모셨습니다. 오늘은 마음껏 드시고 즐거운 시간을 가지시기 바랍니다!"

식사 기도 후 "이제 마음껏 드시며 식사를 시작하세요!" 라고 말했습니다. 그런데 이상한 광경이 벌어졌습니다. 선생님들은 각양각색의 많은 음식들 중에 겨우 한두 가지 음식을 가지고 와서 먹고 마는 것입니다. 아마도 뷔페 음식을 태어나서 처음 봤을 것입니다. 처음 와본 호텔 뷔페 분위기에 주눅이 들고 불편했던 모양입니다. 음식을 어떻게 먹는지도 잘 몰랐을 수도 있습니다.

그 많은 음식을 앞에 두고 그냥 자리에 가만히 앉아 있는 모습을 보며 그 순간 깨달음이 왔습니다. '내가 너무 우리 입장에서만 생각했구나. 오히려 선생님들이 편하게 드실 수 있는 음식점을 찾아서 부담 없는 음식을 대접했더라면 좋았을 텐데…….' 그날 그렇게 선생님들에게 좋은 음식을 제대로 대접하지도 못하고 식사를 마쳤습니다.

이날의 사건으로 선교는 우리 입장이 아니라 현지인 입장에서 생각하는 것이며, 그래야 선교가 좀 더 뿌리를 내릴 수 있다는 것을 가슴에 깊이 새길 수 있었습니다. 그 이후로도 우리는 브리따히둡 기독학교를 마음에 담고 학교와 어린이들을 섬겼습니다.

그러던 어느 날 이 학교 교장 선생님이 후원금을 횡령

하는 안타까운 사건이 발생했습니다. 교장 선생님은 해임되었고 이 일로 인해 공식적으로 지원되던 후원금이 중단되었습니다. 결국 학교는 다시 큰 어려움에 빠지게 되었습니다.

그러던 중 새로운 교장 선생님으로 야나(Yana) 교장 선생님이 부임했습니다. 그녀는 작고 가냘프게 보이는 20대 여성으로 착하고 순수한 모습이 매우 인상적인 분이었습니다. 하지만 후원 중단으로 학교는 여전히 어려움에 처해있었습니다.

게다가 우리 부부도 다른 지역으로 이사를 하게 되면서 새로운 다른 선교지들을 돌봐야했습니다. 이 학교를 돕기 위한 한국의 후원처를 구해보려 했지만 끝내 구하지 못했고 당시 저희 가정도 한국에서 받는 후원의 80%가 끊어져 어려움에 놓였습니다. 그렇게 안타까운 마음만 가지고 학교를 후원하지 못한 채 7년이란 세월이 지나갔습니다.

브리따히둡 기독학교만 생각하면 마음에 응어리가 가시지 않았습니다. 우리가 섬기는 선교지들 가운데 유일하게 운영과 후원을 지속하지 못했기 때문입니다. 그렇게 빚진 마음으로 살다가 2019년 이민국 비자(VISA)가 강화되면서 어쩔 수 없이 다시 살던 지역으로 돌아오게 되었고 늘 마음에 담아두었던 브리따히둡 기독학교를 다시 찾았습니다.

브리따히둡 기독학교 정문에 있는 머릿돌

바닥에 앉아서 공부를 하고 있는 중학생들

예전에 학교 입구에 제가 세워둔 두 머릿돌이 저를 반갑게 맞아주었습니다. 교장실에 가보니 야나 교장 선생님이 여전히 학교를 섬기고 있었습니다. 무척 반가웠습니다. 그동안 함께 대화하고 협력했던 브리따히둡 기독유치원 원장 선생님이 갑자기 심장마비로 돌아가셨다는 안타까운 소식도 접했습니다.

브리따히둡 기독학교는 변함없이 열악해 보였습니다. 여전히 어둡고 작고 초라한 상태 그대로였습니다. 우리 부부는 교장 선생님과 함께 학교를 둘러보다가 교실을 보고 깜짝 놀랐습니다.

널빤지로 겨우 막은 어둡고 후덥지근한 작고 보잘것없는 공간에 중학생들이 가득 찬 채로 수업을 받고 있는 게 아니겠습니까? 그것도 1, 2, 3학년 중학생들이 모두 이곳저곳 바닥에 앉은 채 말입니다.

"야나 교장 선생님! 이게 어떻게 된 겁니까? 그동안 우리는 폐교되지는 않았을까 걱정을 하고 있었는데 말입니다."

그러자 그녀는 이렇게 답해주었습니다.

"초등학교를 졸업한 아이들이 돈이 없어서 중학교를 갈 수 없다길래 그 졸업생들과 함께 중학교가 시작되었어요. 그렇게 하다 보니 이렇게 1, 2, 3학년까지 채워지게 된 겁니다. 중학교 학생들은 전부 장학금으로 공부합니다."

"세상에, 어떻게요?"

"제가 다니는 현지 교회 담임목사님께서 어려운 저희 학교를 살리라는 마음을 주님께 받으셨습니다. 비록 작은 교회이지만 전성도가 힘을 모아 헌금해주어서 유치원부터 중학교까지 모든 학생들의 등록금을 장학금으로 운영하고 학교를 돌볼 수 있게 되었습니다."

"할렐루야!"

눈시울이 뜨거워졌습니다. 우리가 이 학교를 미처 돕지 못했음에도 불구하고 하나님께서는 야나 교장 선생님, 현지 교회 목사님과 교회를 통해 쓰러져가던 이 학교를 다시금 살리셨고 부흥케 하셨습니다. 몇 십 명의 학생으로 열악하기만 했던 학교가 오늘날에는 200명 이상의 학생들이 다니는 학교로 크게 발전했습니다. 오랜만에 찾은 학교는 이렇게 기적적으로 놀랍게 변해 있었습니다.

그 주에 교장 선생님이 다니는 현지 교회에 가서 주일 예배를 드렸는데 성도들이 약 50여 명 정도 되는 작은 상가에 있는 임대 교회였습니다. 규모는 작지만 선교에 대한 열정과 사랑이 있는 교회이기에 이토록 학교를 살리고 발전 부흥케 할 수 있었음을 알게 되었습니다. 참 감사한 일이었습니다.

　우리 부부는 한편으로 이런 생각이 들었습니다. 브리따히둡 기독학교를 살리고 섬기는 것을 축구 경기에 견주어 말한다면 전반전을 우리가 섬겼고, 야나 교장 선생님과 현지 교회가 후반전을 섬긴 것이며, 이제는 연장전으로 들어가 함께 연합해서 학교를 살리고 발전시켜야겠다는 생각 말입니다.

　다시 학교를 방문해 학교를 위해 무엇을 할지를 살펴보고 자카르타에서 사역하는 저의 친구인 김완일 목사님과도 동행해 학교를 재방문했습니다. 동네 운동장이기도 한 학교 운동장을 개선하는 공사와 학교 교실의 시설을 보완해주기로 했습니다.

　앞으로도 우리 부부는 브리따히둡 기독학교와 기적적으로 설립된 디안삭띠 기독고등학교가 잘 연계되어서 학생들을 잘 인도하고 교육할 수 있도록 장학금을 지원할 것입니다. 또 한국어학원 프로젝트를 준비해 졸업생들이 한국에도 취업하고 미래에 귀한 인재가 될 수 있도록 힘쓸 것입니다.

　이처럼 브리따히둡 기독학교를 보면서 하나님의 나라와 의의 확장은 항상 복음에 대한 열정을 가진 사람들을 통해 이루어진다는 사실을 다시 한 번 경험하게 되었습니다.

여호와여 주의 이름을 아는 자는

주를 의지하오리니

이는 주를 찾는 자들을

버리지 아니하심이니이다

- 시편 9:10

바다를 건너고 건너서

어느 날 멀리 사는 지인으로부터 연락이 왔습니다.

"선교사님! 제가 아주 먼 곳에 있는 섬에 일 때문에 간적이 있는데요. 그곳에 어려워 보이는 가정 교회가 있었습니다. 교회를 건축하고 싶지만 경제적 여건이 안 되고 많이 어려워서 힘들어하는데 혹시 도와주실 수 있으세요? 그 지역 근처에 선교사님이 전혀 안 계시고 여기저기 알아봤지만 부탁드릴 만한 곳이 없습니다. 박 선교사님은 복음이 꼭 필요한 곳을 언제나 돕고자 하시니 일단 소식을 전해 드려봅니다."

저는 당황했습니다. 저희도 물질이 없는 상태였고 그 섬은 비행기와 배를 타고 이틀에 걸쳐 들어가야만 하는 너무 먼 곳이기도 했습니다. 하지만 선교하고 싶은 마음은 늘 가득하기에 이런 요청을 뿌리칠 수도 없었습니다. 결국 곧바로 거절하지는 못하고 정말 복음이 꼭 필요한 곳이라면 기도하는 마음으로 한번 가보겠노라 답했습니다.

그런데 며칠 후 한국의 지인으로부터 교회 개척을 위해 써달라며 몇 백만 원의 선교 후원금을 받게 되었습니다. 예상치 못한 뜻밖의 후원이었습니다.

얼마나 적절하고 기막힌 타이밍에 주어진 후원금이던지 한여름 날 냉수와 같이 귀한 후원금이었습니다. 그 후원금을 계기로 그 섬에 주님의 뜻이 있을 거라는 생각이 들어 아내와 함께 배낭 하나 매고 한 번도 가보지 않은 섬으로 먼길을 떠났습니다.

자동차를 타고 가다가 또 오랜 시간을 비행기를 타고 다시 차를 타고 배를 타면 그 섬이 나옵니다. 지역 초입인 공항에 도착해 덜컹거리는 낡은 택시를 탔습니다. 손잡이를 당겼는데 툭 하고 떨어져 깜짝 놀랐습니다. 너무 더워 창문을 손으로 돌려서 내리는데 껍데기만 남은 택시 같았습니다.

택시에서 내려 걷는데 지나가는 길에 있는 한 도시에서 신기한 경험을 했습니다. 그곳은 마치 다른 곳에 들어선 듯한 느낌을 주었습니다. 휘황찬란한 무늬로 전체를 장식한 버스들이 눈길을 끌었습니다. 오고 가는 30인승 버스들은 그림, 만화, 사진 등 예술 작품을 전시하듯이 장식되어 있었습니다. 심지어 전방 시야가 확보되어야 하는 앞 유리에도 장식이 가득해 운전기사 얼굴만 겨우 보일 정도였습니다.

대부분의 승용차들은 자동차 경주를 하는 것도 아닌데

빠당(Padang)이라는
도시에서 만난 버스

자동차 날개(Carbon Spoiler)를 달고 있었습니다. 작은 봉고차 정도의 10인승 규모인 앙꼬딴(Angkotan)이라 불리는 버스에는 음향 장비들이 장식되어 있었습니다. 음악을 좋아하는 마니아들이 음향 장비를 여럿 구비하는 것처럼 앙꼬딴 버스마다 서로 경쟁하듯이 고가의 장비들을 갖추고 있었습니다. 신기한 나라에 온 것 같았습니다.

  섬에 들어가는 배를 탈 수 있는 항구에 도착한 우리 부부는 30여 명 정도 탈 수 있는 나무배를 타고 섬으로 향했습니다. 처음 타보는 나무배에는 쥐가 이리저리 돌아다니고 있었습니다. 몸을 눕힐 수 있는 나무 침대는 사과 상자 3개 정도 크기였는데 지저분하고 비위생적이었습니다.
  준비해 간 큰 수건을 깔고 앉아 있다가 피곤함에 겨우 몸만 눕히고 하며 밤을 새다시피 항해를 했습니다. 조심했음에도 이날 우리 부부의 몸에는 옴이 올라 피부병으로 고생해야만 했습니다. 이리 긁고 저리 긁으며 며칠을 보냈습니다.
  낮에 출발해 몹시 후덥지근하고 습기 찬 밤바다를 가르며 수 시간을 항해한 끝에 다음 날 새벽에 도착한 섬에는 자동차 한 대 보이지 않았습니다. 그 섬의 유일한 교통수단은 오토바이였고 주거 형태도 짐승이나 큰 도마뱀들이 못 올라오도록 지어진 일반적인 인도네시아 집과는 전혀 다른 모습이었습니다. 곳곳에는 쓰나미 경고 팻말이나 지진·쓰나미 지역이라고 쓰인 위험 표시 표지판이 꽂혀 있었습니다.

오전이 되기를 기다렸던 우리 부부는 오토바이 두 대를 빌려 타고 물어물어 그 가정 교회를 찾아갔습니다. 그곳에 도착해보니 동네 아이들이 모여서 놀고 있었습니다. 우리는 먼저 아이들에게 다가가 반가움을 표하고 과자를 사주며 웃고 얘기하는 시간을 잠시 가졌습니다.

얼마 뒤 가정 교회를 섬기시는 현지 목사님을 만나게 되었습니다. 목사님을 만나기까지 집에서 출발해서 꼬박 이틀이 걸린 겁니다.

목사님은 우리 부부에게 교회를 잠시 보여주고는 어려운 현지 상황을 이야기하셨습니다. 이 섬은 기독교가 일찍 전파된 지역인데 기독교인들과 무슬림들 사이에 영적인 전투가 일어났다고 합니다. 특이하게도 좋은 학교들이 있고 교육열도 높은 섬이라 여기저기 다른 섬에서 중고생들을 유학 보낸다는 겁니다. 그러고 보니 정말 오토바이를 타고 오면서 다른 섬들에 비해 꽤 많은 중고등학교 학생들이 무리를 지어 학교에 가는 모습을 볼 수 있었습니다.

목사님은 계속해서 이 섬에 기숙사 시설을 잘 지어 유학생들을 받으면 그 학생들은 크리스천이 될 확률이 높아질거라고 했습니다. 최근에 이슬람에서 기숙사를 지어 유학생들을 그쪽으로 데려가면서 그들이 무슬림이 되었다는 것입니다. 그래서 서로 학생들을 데려가기 위해 어떻게 보면 영적전쟁 중이라고 말합니다. 그렇기 때문에 자신도 작

이 섬은 자동차가 없어
오토바이로만 다닐 수 있습니다.

오토바이를 타고 선교지로 향하는
남궁경미 선교사

은 가정 교회 사역을 하고 있지만 선교사님이 후원해주신 다면 교회를 크게 짓고 기숙사도 크게 지어 복음을 전하고 싶다는 것이었습니다.

교인 수도 이제 겨우 몇 명에 불과한데 우리가 상상할 수도 없는 큰 금액을 후원해주시면 좋겠다고 계속 저희를 설득하려는 것입니다. 물론 좋은 뜻이지만 어떤 면에서는 듣기에 약간 황당했습니다. 뜻이 선한 것인지는 모르겠지만 믿음이 부족한 저에게는 현지 목사님의 욕심이 과한 듯 싶었습니다.

그때 12년 전에 있었던 일이 생각났습니다. 현지 사역자들의 추천을 받아 몇 주간에 걸쳐 어려운 지역에 있는 시골 교회들을 조용히 정탐한 적이 있었습니다. 그중에 한 교회 목회자가 저희에게 자신이 사역하는 교회 건축을 도와주면 반드시 교회를 부흥시킬 수 있다고 했습니다. 그래서 가봤더니 교인 수는 10여 명 남짓 되었는데 교회 부지 및 건축 용도로 한화 약 2억 원 정도의 후원금을 요청한 것입니다. 참 황당한 사건이었지요.

그 생각이 스치기에 저희 부부는 현지 목사님에게 이삼백만 원 정도 들여서 교회를 먼저 리모델링하고 교회 시설도 급한 부분부터 차근차근 넓혀 가는 게 어떻겠냐고 했더니 그 목사님은 단 한 번의 큰 금액 후원으로 도와달라며 뜻을 굽히지 않았습니다.

'아, 이것은 주님의 뜻이 아니구나. 그런데 주님께서는 몇

백만 원의 후원금과 함께 왜 우리를 이 섬에 보내셨을까?'

우리 부부는 궁금했지만 그 교회를 섬길 수가 없는 현실에 결국 포기하고 발걸음을 돌렸습니다. 어렵게 이 섬까지 왔는데 허무하게 발걸음을 돌려야 하는 안타깝고 무거운 마음으로 터벅터벅 한참을 걸었습니다. 그러다 어느 마을 길가에 작은 십자가가 걸려 있는 허름한 집이 눈에 들어왔습니다.

'이런 곳에도 십자가가 있다니……' 하는 반가운 마음에 안으로 들어가 보았습니다. "계세요?" 하고 들어가 보니 건축 자재들이 여기저기 널브러져 있었습니다. 구석에는 노동자처럼 보이는 40대 부부가 일을 하고 있었습니다. 새까맣게 그을린 얼굴에서 그동안 겪은 고생이 느껴졌습니다. 우리는 반갑게 인사하며 대화를 나눴습니다.

두 사람은 이 교회를 섬기는 목사님 내외였습니다. 십 몇 년 전에 이 교회를 개척했지만 교회 건물과 교육관 등 필요한 공간들을 건축하기에는 무척 어렵고 힘들었다고 합니다. 그러던 어느 날 이곳 멀리까지 와서 관광을 마치고 돌아가던 한 외국인이 십자가를 보고 반가운 마음에 교회를 위해 써달라며 100불 정도 헌금을 하고 갔다는 것입니다. 이 귀한 헌금으로 건축에 필요한 자재를 사서 교회를 고치기 시작했습니다. 그러면서 간혹 이렇게 우연히 외부 관광객들이 십자가를 보고 들어와 헌금을 해주면 그때마

주님의 뜻 가운데
우리가 만난 교회는
완공될 수 있었습니다.

다 널빤지나 나무를 사서 조금씩 교회를 고쳐 나간 것입니다. 하지만 아무리 애를 쓰고 작은 기숙사라도 지어서 완공해보려고 시도했지만 역부족이었습니다.

어느새 세월은 십여 년이 지났지만 지금까지 그래왔듯이 목사님 부부는 오늘도 일당을 줄이기 위해 사람을 쓰지 않고 본인들이 노동을 하며 교회 건축 완공에 애쓰고 있었습니다. 교회 건물과 기숙사, 교육관을 완공할 그날을 기대하며 공사를 멈추지 않아온 것입니다.

정말 감동적이었습니다. 남루해 보이는 목사님 부부의 모습과 얼굴은 몸과 마음으로 고생한 세월의 흔적을 그대로 담고 있었습니다. 궁금한 것이 많아 목사님께 이것저것을 물었습니다.

"목사님, 십여 년 동안 이 교회를 지어왔다고 하셨는데 그러면 이쪽 건물은 현재 학생 기숙사로 짓고 있는 건가요? 저쪽 어린이 교육관은 거의 완성된 듯 보이는데 교회와 사택이 완성되려면 앞으로 얼마의 금액이 더 필요할까요?"

목사님은 "앞으로도 한참은 더 있어야 해요. 몇 백만 원의 건축 후원금이 더 필요하지만 저희 교회 헌금으로는 그날이 언제일지는 모르겠네요" 하며 말끝을 흐렸습니다.

이 말을 듣는 순간 주님께서 이 교회를 위해서 우리를 이먼 섬에 보내셨다는 감동이 왔고 '주님, 이 곳에 헌금하겠습니다!'라고 우리 부부는 기도했습니다.

주님께서 우리를 보내신 뜻을 전달하며 교회 건축을 완성하는데 써달라고 전액 헌금하고는 돌아가는 배에 몸을 실었습니다. 그리고 이틀에 걸쳐 비행기와 자동차를 타고 다시 집으로 돌아왔습니다.

얼마 후 100불의 헌금으로 첫 건축이 시작되었던 머나먼 섬 개척 교회에서 십몇 년 만에 드디어 교회 건축이 완성되었다는 기쁨과 감사의 소식이 사진과 함께 날아왔습니다.

주님께서는 받은 달란트를 땅에 묻어두지 않고 열심히 사역해 더 많은 달란트를 남긴 착하고 충성된 종과 같은 현지 목사님 부부와 교회에게 뜻밖의 귀한 선물을 주셨습니다. 이처럼 주님의 뜻과 응답은 참 신기합니다.

주인이 이르되 잘하였다 착한 종이여

네가 지극히 작은 것에 충성하였으니

열 고을 권세를 차지하라 하고

- 누가복음 19:17

부근에서 연속
자살 폭탄이 터지다

2018년 이슬람 금식월인 라마단(Ramadan) 기간이 있기 몇 주 전에 있었던 일입니다. 이슬람 극단주의 무장 단체 '이슬람국가(이하 IS)'가 자카르타 위성도시인 데뽁(De-pok)에 위치한 경찰기동타격대(BRIMOB) 본부 구치소에서 무장 폭동을 일으켜 경찰관 5명과 수감자 1명이 사망한 사건이 발생했습니다.

우리 부부가 살고 있던 동부 자바의 ML(보안상 약어 사용)이라는 지역은 인도네시아 전체 도시에서 가장 많은 사람들이 IS에 충성 서약을 한 도시로 640명 정도의 서약자가 살고 있었습니다.

어느 날 동네 광장을 지나가는데 뜻밖의 광경이 벌어지는 것을 목격했습니다. 대형 IS 깃발을 든 몇십 명의 남녀가 기습적으로 나타나 사람들에게 IS 가입을 유도하고 있는 것입니다. 당시 우리 동네에 중동 지역 출신 4명의 젊은이가 새로 이사를 와서 우리 딸들과 가끔씩 이야기하곤 했는데 결국 그들도 IS 요원으로 밝혀져 경찰에 긴급 체포

된 적도 있었습니다.

2018년 5월 15일 토요일, 이슬람 금식(Puasa, 뿌아사)이 시작되는 시점에 우리는 인도네시아 동부 자바 수라바야에 있는 큰 강당에서 제9회 기독유치원 졸업식을 가지게 되었습니다.

앞서 소개했듯이 동티모르 난민촌에 세워진 이 기독유치원은 기적적으로 세워진 유치원입니다. 하나님께서 은혜를 주셔서 강성 이슬람 지역인 이곳에 기독교 순교지로 땅을 일굴 수 있도록 개척을 하게 하셨습니다. 한 현지인의 꿈속에 주님이 나타나셔서 "이곳에 반드시 교회를 다시 세우라"고 말씀하셨고 깜짝 놀라 꿈에서 깬 그가 헌신적으로 자신의 재산을 기증하고 땅과 건물을 사서 봉헌해 세워진 기독유치원입니다.

졸업식인 동시에 졸업발표회를 겸한 축제의 날, 유치원 원아들과 부모님들 그리고 많은 손님들이 즐겁고 기쁜 시간을 가졌습니다. 늘 그랬듯이 저희 부부는 모든 과정을 수료하고 졸업하는 아이들 한 명 한 명에게 졸업장을 수여해주면서 주님을 대신해 안아주고 사진을 찍은 후 대부분 무슬림들인 졸업생 부모님들에게 축하의 인사말을 전하고 졸업식을 마쳤습니다.

그곳은 집에서 자동차로 3시간 이상 걸리는 먼 지역이었기에 우리는 졸업식장 부근에서 잠을 자기로 결정했습니다. 그 다음 날에는 가까운 현지 교회에서 주일 예배를 드리기로 했습니다. 그런데 근처에는 비싼 숙소만 있어서 우리가 묵을 만한 곳이 없었습니다. 어쩔 수 없이 집으로 가기로 결정하고 피곤한 몸을 이끌고 3시간 동안 무리하게 운전해서 집으로 돌아왔습니다.

그런데 그 다음 날인 주일, 졸업식을 한 장소와 가장 인접한 교회에서 IS에 연계된 자살 폭탄 테러가 일어났습니다. 놀라지 않을 수가 없었습니다. 전날 우리가 숙박을 했다면 아마도 방문했을 법한 디포느고로(Diponegoro) 거리와 아르주노(Arjuno) 거리에 위치한 교회 두 곳에서 테러가 일어난 것입니다. 이틀 동안 교회와 성당, 경찰서 등 다섯 곳에서 연쇄 자살 폭탄 테러가 일어났고 총 25명이 사망, 41명이 부상을 당했습니다. 자살 폭탄 테러가 연속적으로 발생한 것도 충격이었지만 아이들을 포함해 온 가족이 테러에 가담한 사실이 더욱 충격적이었습니다.

9살 소녀를 포함한 일가족 여섯 명이 교회와 성당 3곳에서 연쇄 자살 폭탄 테러를 벌이고 모두 숨겼는데, 이 가족의 아버지인 디타 우프리아르토는 수라바야 지역 지도자이자 인도네시아의 IS 연계 테러 조직인 '자마 안샤룻 다울라(JAD)' 조직원인 것으로 밝혀졌습니다. 그의 가족은 시리아를 다녀온 후 수라바야에서 자살 폭탄 테러를 감행했습니다.

또 다른 자살 폭탄 테러에는 일가족 다섯 명이 동원되

유치원 졸업식장 부근 테러 현장

유치원 졸업식장 근처에 있는
교회 테러 현장

테러의 희생자

테러에 희생된 어린이

었는데 이들 가족은 테러범 우프리아르토의 친구였던 것으로 드러났습니다. 아무것도 모르는 어린 딸과 아들 둘을 두 대의 오토바이에 나눠서 태우고 경찰서 앞에서 자살 폭탄 테러를 자행했습니다. 8살 어린 딸만 목숨을 건져 병원으로 이송되었고 나머지 일가족 네 명은 숨졌습니다.

인도네시아 치안 당국은 사건 발생 후 최고 수준의 경계령인 1등급 비상 경계(Siaga I, 시아가 사뚜)를 발령했고 조코위 인도네시아 대통령도 즉각 병원과 경찰서를 방문해 희생자 유가족들에게 위로의 뜻을 전했습니다.

정부에서는 폐쇄회로 TV(CCTV) 6천 대를 새로 설치하기로 했고 안전하다는 발표 전까지 수라바야 내 모든 교회의 예배를 금지했습니다. 그러나 교회들은 위험 상황에도 불구하고 대부분 주일 예배를 드렸습니다.

자살 폭탄 테러 사건이 일어나자 우리는 강성 이슬람 지역에서 헌신하는 P 집사님과 M 집사님 그리고 봉사자들이 가장 먼저 걱정되었습니다. 딴떼뻬라 할머니의 병 고침 간증으로 삼천여 명이 주님을 영접한 이후 천여 명은 수라바야에서 집회로 모였고, 이천 명 이상은 정기적으로 블리따르의 한 지역에서 집회로 모였는데 테러가 몹시 걱정되었습니다. 현 사태에 대한 소식에 촉각을 곤두세우며 TV 뉴스에 늘 귀를 기울였습니다.

그 당시 가까운 지역인 시도아르조(JEDONG URANG

AGUNG SUKODONO)에서는 테러범과의 총격전이 발생해 테러범이 사살되었고, 사제 폭탄이 폭발해 일가족 3명이 모두 사망하는 일도 있었습니다. 용의자 2명이 검거되었고 6개의 폭탄은 압수되었습니다. 이 사건으로 우리는 블리따르 최대의 기독교 집회가 있는 지역이 IS의 테러 목표가 되지는 않을까 하는 걱정으로 전전긍긍했습니다.

P&M 집사님 부부와 헌신단체(RW)는 회의도 했지만 계속되는 테러에도 집회를 취소하기 쉽지 않은 상황이었습니다. 크리스천으로 개종한 현지인들이 워낙 많은데다가 그들 모두가 집회에 참석할 예정이었습니다. 한국처럼 통신망이 발달한 나라가 아니기 때문에 일일이 연락하기가 현실적으로 어려웠기 때문입니다.

집회를 취소하게 될 경우 수많은 사람들이 더 큰 혼란을 겪을 것이 분명했습니다. 큰 고민과 우려 속에서 집회를 하기로 결정했고 끔찍한 테러를 막아주시길 간절히 기도드렸습니다.

집회 날이 되었습니다. IS 테러범은 블리따르에 있는 선교지를 테러하기로 계획했습니다. 어른과 아이들을 합쳐 이천여 명의 기독교인이 모이는 이곳을 테러하기 위해 폭탄을 가진 오토바이가 집회 장소로 오고 있었습니다. 안타깝게도 우려했던 최악의 불행이 엄습해오고 있었습니다.

과연 어떻게 되었을까요? 놀랍게도 경찰이 실시한 불심

검문 중에 수많은 오토바이들 가운데 테러범이 걸리고 말았습니다.

경찰의 취조를 받는 중에 테러범은 블리따르에 있는 선교지를 폭탄으로 테러하러 가는 중이었다고 시인했습니다.

어떻게 이런 일이 있을 수 있을까요? 만약 그 테러범이 불심 검문에 걸리지 않았더라면 생각만으로도 끔찍하고 아찔합니다. 아마 인도네시아에서 일어난 테러 중 가장 큰 규모의 테러가 되었을 것입니다.

집회에 모인 우리 모두는 기도의 응답으로 테러를 막아주신 하나님께 감사의 기도를 올려드렸습니다.

네가 물 가운데로 지날 때에

내가 너와 함께 할 것이라

강을 건널 때에

물이 너를 침몰하지 못할 것이며

네가 불 가운데로 지날 때에

타지도 아니할 것이요

불꽃이 너를 사르지도 못하리니

- 이사야 43:2

자동차와 오토바이가
정면충돌을 하다

어느 날 오후였습니다. 약속이 있어서 나가야 하는 데 같이 가기로 한 현지 운전기사 분이 안 오는 것입니다. 오기로 한 시간은 지났고 더 기다리다가는 약속에 늦을 것 같아서 급한 마음에 그 현지 운전기사가 사용하는 오토바이를 빌려 아내를 뒤에 태우고 길을 나섰습니다.

41년간 현지에서 오토바이를 타고 다니면서 특별한 사고없이 안전하게 잘 다녔던 저였습니다. 그런데 그날 순간 큰 SUV(스포츠 유틸리티 차량)가 정면에 나타났고 정면충돌을 하고 말았습니다. 아내는 뒤로 튕겨져 나갔고 저는 차 아래 깔렸습니다. SUV 중에서도 굉장히 큰 일본산 차량이었기 때문에 차에 깔리는 순간 비명을 지르면서 '다리와 무릎이 다 부서졌겠구나. 특히 무릎이 엉망이 되었겠다'는 생각이 스쳤습니다. 큰 바퀴에 저의 다리가 깔린 채로 자동차는 멈추었고 워낙 큰 차종인지라 이미 오토바이는 반 토막이 되어 제 다리 옆에 있었습니다.

아내도 다쳤을 테지만 제 상태가 워낙 위중한지라 저는 곧바로 병원에 실려 갔습니다. 나중에 아내의 소식을 들어

보니 다행히 꽃밭으로 떨어져 갈비뼈에만 약간 금이 갔다고 했습니다.

반면에 저는 엑스레이(X-ray) 등 여러 검사를 받았고 전혀 걸을 수가 없었습니다. 그날부터 휠체어를 타야 했고 목발을 집고 다녀야 했습니다. 병원 검사 결과 무릎뼈가 자동차 무게로 인해 압착이 많이 되어 상당 기간 걸을 수 없 을 거라고 했습니다.

한국에서 유명한 정형외과 의사인 사촌동생에게 이메일로 엑스레이 사진을 보내보았습니다. 동생은 사진을 보더니 다친 무릎뼈의 압축된 상태가 많이 심각하기 때문에 긴급 수술을 해야 한다고 했습니다. 서둘러 한국으로 들어와야 한다고 권했습니다. 자신의 병원에서 긴급 수술을 해야한다는 것입니다.

심각한 결과에 위급하긴 하구나 하는 생각이 들어 한국으로의 출국을 고민하게 되었습니다. 하지만 다친 다리보다도 선교와 사역, 하는 일들을 중단해야 한다는 게 더 걱정스럽고 큰일이라는 생각이 들었습니다. 그렇기에 제가 할 수 있는 것은 다리와 무릎 위에 손을 얹고는 예수 그리스도의 이름으로 하는 치유의 기도뿐이었습니다.

"주님! 이곳에서 다친 다리로는 사역과 일을 할 수 없사오니 예수 그리스도의 이름으로 치유하여 주시옵소서! 예수 그리스도의 이름으로 다친 다리는 정상으로 회복될 지

때로는 선교지를 다닐 때
오토바이를 임대해서 다니기도 합니다.

박 선교사는 40년째 한국과 선교지에서
오토바이를 타고 있습니다.

어다! 주여! '내 이름을 경외하는 너희에게는 공의로운 해가 떠올라서 치료하는 광선을 비추리니 너희가 나가서 외양간에서 나온 송아지 같이 뛰리라(말라기 4장 2절)'고 말씀하신 것처럼 치료하는 광선을 발하사 송아지처럼 뛰게 하소서"라고 기도했습니다.

며칠 후 다시 현지 종합병원을 찾았습니다. 한국에 가기 전에 정확한 검사 결과를 가지고 가기 위해서였습니다. 그런데 놀라운 일이 일어났습니다. 다시 찍은 사진을 보며 의사가 말하기를 제 다리와 무릎이 정상이 되었다는 것입니다. 정말 신기하다면서 그냥 퇴원하고 목발도 필요 없을 것 같다는 것 아니겠습니까?

사고가 난지 며칠 후인 그날 처음 목발을 사용해서 병원에 재검을 받으러 갔는데 뜻하지 않은 완치 판정으로 목발을 그대로 버리고 걸어서 나오게 된 것입니다.

병원에서 다시 찍은 엑스레이 사진을 사촌동생에게 이메일로 보냈습니다. 제가 한국에 오는 것으로 알고 있던 사촌동생은 이미 수술을 준비하고 있었습니다. 이메일을 확인한 동생에게 연락이 왔습니다.

"어떻게 된 거야? 기적이야 기적! 나도 이렇게 오랫동안 정형외과 의사를 했지만 이런 일은 처음이야! 물렁뼈도 아니고 압착된 뼈는 복원이 안 되는데 어떻게 일주일도 아니고 며칠 만에 뼈가 복원이 될 수 있지? 보내준 사진 전부 다 자세하게 들여다봤는데 엑스레이 상으로는 무릎뼈가 꼭 스펀지처럼 다시, 전부 다 완전히 복원되었어! 정말 신기하네. 기적이에요 기적! 하나님께서 역사하셨나봐요! 형, 한국에 오시지 않아도 되겠어요. 할렐루야!"

동생 역시도 기쁨의 완치 소식을 전해 주었습니다. 생각지 못한 치유의 역사를 주님께서 급속하게 경험하게 하셨습니다. 이렇게 신기하고 놀라운 치유와 회복을 사역지에서 경험하다니 하나님께 진심으로 감사할 뿐이었습니다. 모든 영광을 하나님께 돌립니다.

저는 지금도 오토바이를 타고 있습니다. 오토바이를 탈 때는 각별히 더 조심하지만 처음 오토바이를 탔던 당일에도 끔찍한 교통사고를 목격했고, 그런 상황이 이곳의 현실입니다.

제 앞에서 오토바이와 차량이 정면충돌해서 오토바이를 타고 있던 현지 청년 두 명이 도로에서 즉사했습니다. 그리고 며칠 후에 다시 사역지로 오토바이를 타고 가던 날 또 다시 제 앞에서 오토바이와 차량이 정면충돌해서 두 명이 그 자리에서 죽었습니다. 제 삼촌도 오토바이 사고로 갑자기 돌아가셨기 때문에 오토바이가 얼마나 위험한 교통수단인지는 늘 인식하고 있습니다. 반드시 그런 것은 아닐 수 있으나 '오히려 한국이나 미국처럼 오토바이 CC(배기량)가 높으면 그나마 덜 위험할 텐데……' 하는 생각

지역 축제에서 참가자와 함께

박 선교사가 늘 타고 다니던
오토바이는 딸의 수술비가 없는
현지 목사님께 긴급 기증되었습니다.

고아원 어린이들과의 여행 중

도 듭니다.

인도네시아는 도로 여건상 대부분 일차선, 넓어야 이차
선 도로이기 때문에 중앙선 침범이 많아 사고가 빈번합니
다. 특히 인도네시아 명절 때에 정부 통계를 보면 평균 3
천 명 이상의 사망자가 늘 나오고 있습니다. 부상자를 제
외한 사망자 통계입니다. 이러한 오토바이 교통사고로 인
한 막대한 인명 피해는 안타깝게도 방송이나 신문에는 보
도되지 않고 있습니다.

인도네시아는 전체 인구가 약 2억 7천만 명 이상으로 세
계 4위의 인구 대국이자 국내총생산(GDP)이 1조 422달러

로 세계 16위인 경제 대국입니다. 아세안(ASEAN) 회원국 전체에서 40%에 이르는 경제 규모를 가지고 있습니다. 과거 한국의 경제속도처럼 해마다 매우 빠르게 경제 발전을 이루고 있으며, 국민 평균 연령이 29세로 젊은 층이 인구 구조여서 매우 높은 성장 잠재력을 자랑하는 나라입니다.

조만간 인도네시아도 한국처럼 도로도 넓어지고 교통 안전장치도 많아졌으면 합니다. 또 경제가 발전하고 있는 만큼 인도네시아 국민 대부분이 자동차를 탈 수 있게 되어 오토바이 사고로부터 벗어났으면 합니다.

그리하면 네 빛이 새벽 같이 비칠 것이며

네 치유가 급속할 것이며

네 공의가 네 앞에 행하고

여호와의 영광이

네 뒤에 호위하리니

- 이사야 58:8

갑자기 나타난 코모도

동부 자바에서 자동차로 꽤 오랜 시간을 달려서 간 적이 있습니다. 외로운 섬처럼 생긴 곳에 한국 교민 한 분이 살고 있었습니다. 그분은 저희를 반갑게 맞아주셨고 저희에게 회를 대접해 주셨습니다. 인도네시아에서 회를 먹을 수 있다니 오랜만에 회를 먹어서 참 좋았습니다.

처음 가본 그곳은 어민들이 사는 인적이 드문 지역이기 때문에 환경이 오염되지 않았습니다. 마치 그림처럼 무척 아름다운 곳이었습니다.

바다와 그 위에 떠있는 수십 척의 배들은 일반 배들과 달랐습니다. 배의 모양도 꼭 동화 속에 나오는 배 같이 낭만적이었습니다. '이런 곳에 잠깐이라도 산다면 참 좋겠다'라는 마음이 절로 들었습니다. 지금도 잊을 수 없을 만큼 경치가 빼어난 지역이었습니다. 얼마나 아름다운지 생각만 해도 그곳의 파도가 가슴에 그대로 밀려오는 것 같은 느낌이 듭니다.

바다에 흠뻑 빠져 이리저리 걸으며 돌아다녔습니다. 한

참 뒤에 언덕이 있어 올라가보니 야생 원숭이들이 떼로 있었습니다. 여기저기 원숭이 떼가 얼마나 많은지 신기했습니다.

　원숭이 떼를 벗어나려고 언덕에서 내려가 아내를 만나 이야기를 하던 그 순간, 갑자기 언덕 위에서 무언가가 어슬렁어슬렁 내려오는게 느껴졌습니다. 고개를 들어 보니 놀랍게도 크기가 2미터 정도 되는 코모도 두 마리가 우리를 향해 내려오고 있는 게 아니겠습니까?
　육중한 몸은 마치 공룡 같아 보였습니다. 그저 놀라서 꿈쩍도 못하고 있는데 우리 쪽으로 어민 한 분이 오더니 급히 코모도들에게 생선을 던져주었습니다. 그러자 코모도 두 마리는 더 이상 우리 부부에게 오지 않았고, 생선 먹는 것에 집중했습니다. 코모도를 볼 수 있는 코모도 섬이 아니라, 일반 지역인 이곳에서 코모도를 만나게 될 줄은 몰랐습니다.

　우리 부부는 약 1미터 앞까지 가까이 가서 생선을 먹느라 정신이 없는 코모도 두 마리를 자세히 보았습니다. 한 10분을 자세히 볼 수 있었던 것 같습니다. 물론 코모도에게 물리면 황소도 단번에 죽을 수 있을 만큼 위험합니다.
　하지만 현지인이 생선을 먹는 동안에는 괜찮다고 해서 우리 부부는 동물원도 아닌 코모도 관광 섬도 아닌 이곳에서 살아 있는 코모도를 볼 수 있는 위험천만한 기회를 얻

갑자기 우리 앞에 나타난 코모도

게 되었습니다.

이날 코모도를 보고 나서 순수한 원시 자연의 모습을 보고 감격했지만 '천지창조 이후 구석기·신석기 시대에는 어땠을까?'라는 질문이 들자 오히려 지금이 더 감사했습니다.

코모도와 원숭이가 공존하고 있는 수마트라 섬 국립공원에는 아직도 사오백 마리의 호랑이가 자연 속에서 돌아다니고 있습니다. 이처럼 인도네시아에는 아직도 원시와 문명이 공존합니다. 이뿐 아니라 이슬람과 힌두교, 불교와 유교, 그리고 기독교가 공존하고 있기도 합니다.

공존이 가득한 혼돈의 땅에 우리를 불러주신 하나님의 부르심에 오늘도 우리 부부는 감사를 올려드립니다. 앞으로도 우리 부부는 이 땅에서의 하루하루를 복음에 빚진 자로서 그리스도의 크신 사랑과 복음을 전하며 살아갈 것입니다.

헬라인이나 야만인이나 지혜 있는 자나 어리석은 자에게

다 내가 빚진 자라 그러므로 나는 할 수 있는 대로

로마에 있는 너희에게도 복음 전하기를 원하노라

내가 복음을 부끄러워하지 아니하노니 이 복음은

모든 믿는 자에게 구원을 주시는 하나님의 능력이 됨이라

먼저는 유대인이게요 그리고 헬라인에게로다

복음에는 하나님의 의가 나타나서 믿음으로 믿음에

이르게 하나니 기록된 바 오직 의인은

믿음으로 말미암아 살리라 함과 같으니라

- 로마서 1:14-17

인도네시아 파라팟(Parapat)

3부
—

모든 것이
감사

선교 그리고
자녀 이야기

누구나 아이를 키우는 부모라면 자녀 교육에 대해 무거운 무게를 느낄 것입니다. 특히 선교지에 나와 있는 선교사 부모들은 더욱 그럴 것입니다. 저에게도 그런 무게로 느껴졌던 자녀 교육에 대한 경험들을 하찮은 자랑이 아닌 부모의 마음과 시선을 가지고 나누고자 합니다.

저희 부부처럼 자녀 교육에 대해 방치한 부모는 별로 없으리라 생각하기에 많은 부모님들이 이 간증을 통하여 조금이나마 위로받으시고 주님께서 열어주실 은혜의 문을 소망 가운데 바라보시기를 기도합니다.

셋째 딸 이야기

저희 집 셋째 딸은 흔한 보습 학원, 피아노 학원 한번을 안 다녔습니다. 경제적인 이유로 못 보내기도 했고, 친구들을 워낙 좋아하다니 보니 만나고 놀면서 자유로운 시간을 보낸 딸입니다. 심성이 착하고 의협심이 강해서 주변에 늘 친구가 많았습니다. 어느 날 학교의 담임선생님으로부터 전화가 왔습니다.

"따님을 학교에 늦게 보내주시면 안될까요?"

무슨 이런 요청이 다 있을까요? 선생님은 계속 이어서 말씀하셨습니다.

"이 녀석이 학교에 일찍 와서 1반부터 마지막 반까지 전부 돌아다니면서 반마다 친한 아이들을 불러내고는 얘기하고 노는 바람에 오전 자율 수업에 지장이 많습니다. 학교를 좀 늦게 보내시거나 수업 시간에 딱 맞춰서 등교시켜주세요."

이 정도로 친구들과 노는 것을 좋아하고 학교 공부와는 담을 쌓고 살던 셋째 딸이었습니다.

어느 날 이 아이가 십대 청소년들에게 납치가 된 적이 있습니다. 다행히 형사 기동대 십여 명이 출동해 딸아이가 납치되어 있는 장소를 급습했고, 결국 딸을 구출한 일이 있었습니다.

그 일이 있고 얼마 안 되서는 지하철역 부근에서 범죄자들에게 봉고차로 납치될 뻔한 적도 있습니다. 납치되기 직전 아이는 침착하게 지혜를 발휘해 겨우 도망쳐 위기를 모면했습니다. 그러나 다음 날 같은 지역에 사는 또래 여학생이 지하철 부근에서 그 범죄자들에게 납치되었고 그 여

학생은 결국 시신으로 발견되어 뉴스에 나왔습니다. 정말 가슴 아프고 안타까운 일이 발생한 것입니다.

셋째 딸은 한국에서 학교를 다니다가 얼마간은 일본에서 중학교를 다녔고, 그 이후 선교지인 인도네시아로 들어오게 되었습니다.

인도네시아로 들어와서 영어 기초 ABC부터 다시 배우기 시작했습니다. 처음에 들어간 학교는 싱가포르 계열의 학교였는데 잠시 다니다가 영어 때문에 작은 규모의 인도 계통의 학교로 옮겼습니다. 그곳에서도 적응을 못한 딸아이는 스트레스를 받아 매일 배가 아프다고 호소했습니다.

결국 시골에 있는 기독교 학교를 가게 되었습니다. 작은 학교였지만 부모님처럼 사랑이 많으신 교장 선생님 댁에서 기숙 생활을 하게 되면서 셋째 딸은 드디어 학교에 적응을 하기 시작했습니다.

뒤늦게 선교지에 왔기 때문에 말도 잘 안 통하고 친구도 없는데다가 시골이라 놀만한 곳도 전혀 없었습니다. 또 수업을 따라가려면 공부를 해야 하니 결국 자연스럽게 공부를 열심히 하게 되었습니다.

그리고 우리가 사는 작은 동네에 있는 선교사들이 세운 고등학교인 선교사 자녀학교(SEKOLAH INTERNASIONAL WESLY MALANG)를 좋은 성적으로 졸업할 수 있게 되었습니다.

선교사 자녀학교의 선생님들은 주로 미국과 유럽에서 오신 선교사님들과 선생님들이십니다. 이뿐 아니라 기독교 정신으로 세워진 학교이기 때문에 학생들을 위한 환경도 교회 공동체와 같게 느껴지는 정말 좋은 학교입니다. 해마다 재학생들과 졸업생들의 만족도가 높고 전 세계 대학 입학률도 높아 입시 결과도 매우 우수한 학교입니다.

한국에서 대학교를 다니고 싶었던 셋째 딸은 대학 입학 시험을 보기 위해 한국에 갔습니다. 시험보기 전날 밤 긴장한 마음으로 알람을 맞춰놓고 잠을 잤는데 아침에 일어나보니 대학 입학 시험을 볼 시간이 지나있었습니다. 아내와 딸아이 둘 다 잠에서 깨지를 못한 것입니다. 세상에 어찌 이런 일이 말문이 막히는 대형사고였습니다. 딸아이에게는 황당해서 울음밖에는 안 나오는 상황이었습니다.

인도네시아 선교지에 있던 저는 그 소식을 듣자마자 안타까웠지만 '범사에 감사하라'는 하나님의 말씀이 떠올라 무릎 꿇고 하나님께 진심으로 감사의 기도를 드렸습니다.

그 당혹스러운 소식을 듣고 저 또한 잠시 힘들었지만 '하나님께서 범사에 감사하라 하신 뜻을 이럴 때 순종해야지!' 하며 분명히 하나님의 뜻이 어딘가에 있으리라 믿고 대안을 생각했습니다. 비록 아이가 한국에서 대학 시험조차 못 봤을지라도 감사의 기도를 드리며 모든 것이 합력하여 선을 이루어 주실 하나님을 바라보게 되었습니다.

'대학이 한국에만 있는 게 아니잖아?'라는 주님 주신 마음으로 담대히 인터넷 검색에 들어갔습니다. 외국대학교에 대한 아무런 지식도 없고 더군다나 재정도 없는 상태에서 말입니다.

저는 딸에게 한국에만 대학이 있는 것이 아니니 세계에 있는 대학에 믿음으로 도전해 보자고 권유했습니다. 인터넷을 통해서 여러 대학을 알아보고 호주와 영국에 있는 명문 대학 두 곳에 입학 원서를 넣고 기도했습니다.

마침 한국에서 입시 설명회가 있다는 소식을 듣게 되었습니다. 늦게나마 딸을 고모와 함께 서울에 입시 설명회가 있는 곳으로 보냈는데 이미 입학 설명회가 끝났고 원서 접수도 조금 전에 마감되었다고 했습니다.

그래도 접수를 할 수 있는 기회가 있는지 간절하게 부탁을 하자 절실함이 느껴졌는지 확률은 별로 없겠지만 마지막 대기자 명단에 넣어주겠다고 했습니다. 만약 입학 원서 지원자가 포기할 경우 면접을 볼 수 있는 기회가 있을 거라고 했습니다.

얼마 후 한 학생이 입학 원서를 넣고도 포기하는 바람에 늦게 원서를 접수한 딸에게 기회가 왔습니다. 딸아이도 외국에서 온 교수님과 면접을 보게 되었습니다. 대부분 원서를 지원한 학생들이 통역과 함께 면접을 보기에 딸도 통역자를 동원해서 면접을 보고 싶다고 했습니다. 하지만 우리 부부는 통역 없이 혼자 면접을 보는 게 좋을 것 같다고 권면했습니다. 결국 딸은 통역 없이 면접에 응했고 그 교수님은 대단히 만족해하며 면접을 끝냈습니다.

한 개의 대학은 서울에서 입학 설명회를 통해 지원했고, 다른 한 대학은 직접 서류를 준비해 해당 대학교에 입학원서를 넣었습니다. 긴장감으로 기다리던 시간들이 지나가고 얼마 후 연락이 왔는데 뜻밖에 두 개의 대학 모두 합격했다는 반가운 통지였습니다.

그러나 합격의 기쁨도 잠시 호주에 있는 대학은 입학금과 등록금이 우리의 생활비로는 도저히 감당할 수 없는 상상 이상의 어마어마한 비용이었습니다. 그래서 결국에는 상대적으로 학비가 저렴하고 재학생이 2만 명이 넘고 100년 이상의 깊은 역사를 가진 영국의 유명 대학으로 입학을 결정하게 되었습니다. 그 당시 영국 대학교 등록금은 호주 대학교 등록금의 1/2에서 2/3정도였습니다. 하지만 그 학비도 저희에게는 너무 큰돈이었습니다. 그저 기도만 드릴 뿐이었습니다.

역시 우리 하나님께서는 경제적 여유가 전혀 없는 선교사 가정을 위해 예비해 주셨습니다. 그해 학교에서 처음으로 딸이 공부하는 학과에서 아시아 계통인 학생에게 주는 장학금이 신설된 것입니다. 그 사실을 뒤늦게 알아 신청일 마지막 날 급히 장학금을 신청할 수 있었는데 놀랍게도 아시아 출신 제1회 장학금 대상자로 최종 해당자가 되었습니다.

 우리에게는 그저 놀랍고 감사하고 모든 것이 하나님의 은혜인 '여호와 이레'의 사건이었습니다. 딸아이는 입학할 때부터 졸업할 때까지 장학금을 받았습니다. 덕분에 문제없이 학업을 마칠 수 있었습니다.
 처음 일 년 동안은 등록금 외에도 생활비와 식비, 기숙사비를 보내줬는데 한 해 보내준 금액을 계산해보니 총 300만 원 정도뿐이었습니다. 한 달 평균 25만 원 정도 들었다는 건 한국에서 학교를 다니는 비용보다 훨씬 더 적게 들었다는 것입니다. 형편을 아는 딸아이가 레스토랑에서 스테이크 접시를 나르는 등 늦은 시간까지 일을 하며 공부를 했기 때문입니다.

 다른 부모들은 자식을 만나러 영국에 자주 간다는데 저희는 그렇게 하지 못했습니다. 영국 대학에 입학하러 갈 때도 공항에서 딸아이를 혼자 보내야 했습니다. 딸이 대학교를 다니는 4년 동안 저희 부부는 단 한 번도 가보지 못했습니다. 늘 마음에 미안한 마음이 있습니다.
 아플 때도 혼자 설움을 이겨냈고 힘들게 공부하면서도 기특하게 여기저기 늦은 밤까지 일을 했습니다. 하나님을 사랑하기에 그 피곤한 몸으로 새벽을 깨우며 새벽기도회를 다녔습니다.

딸아이가 있던 영국 마을의 밤거리는 한국과 다르게 무척 어둡고 무섭다고 합니다. 밤늦게 일을 마치고 숙소로 돌아가는 길에 딸은 항상 저에게 전화를 걸었습니다. 그렇게 겨우 무서움을 달래며 지냈습니다.

그러던 딸이 대학교 3학년 때에 지금의 남편을 만나 결혼한 후 사랑하는 시부모님의 전적인 후원과 사랑으로 대학을 졸업했으니 이 역시 '여호와 이레'입니다.

예전에 저는 가까운 지인의 요청으로 한 가정을 심방하게 되었습니다. 전혀 알지 못하던 가정이었는데 아들이 많이 아프다는 이야기를 듣고 당시 유치원생이었던 아이를 위해 간절히 기도를 해주었습니다. 그 순간 놀랍게 하나님의 은혜가 임해 그날로 병이 치유되는 역사가 있었습니다.

그리고 세월이 흘러 저에게 기도를 받고 병이 다 나은 그 아이가 20여 년 후 우리 집안에 사위가 되었습니다.

현재 딸아이는 회계사 업무 관련 계통의 모든 시험을 통과해 지금은 회사에서 그에 해당하는 일을 하고 있습니다.

또 믿음의 가정에서 잘 자란 사위는 현재 우리나라 중소기업 중 건축 관련 동종 업계에서는 가장 큰 회사로 알려진 곳에서 CEO 경영 수업을 받고 있습니다. 저는 양가 어머니들의 기도의 결실로 딸아이와 사위가 만나 믿음의 가정을 이룬 것을 믿습니다.

제가 이 글을 쓰는 이유는 저희 가정처럼 소위 세상에

서 말하는 흙수저 가정일지라도 하나님을 의지하며 믿음으로 드리는 기도에는 하나님의 역사하심이 있다고 말하고 싶기 때문입니다. 우리의 배경이나 환경을 뛰어넘어 합력하여 선을 이루시는 하나님의 놀라운 은혜를 몸소 경험했기 때문입니다.

누나와 매형 이야기

제 누나는 고3 때에도 새벽기도회를 다니며 하나님을 붙드는 믿음의 사람이었습니다. 무거운 책가방과 도시락 두 개를 챙겨 새벽마다 집을 나서곤 했습니다. 누나와 가정을 이룬 매형도 하나님만 붙드는 사람이었습니다.

매형과 누나는 빈손이었지만 오직 믿음만으로 과감히 도전해서 미국을 갔습니다. 당시 매형과 누나가 출국할 때 교회 교인들과 친구들이 공항에 다 나와 찬송가를 부르고 환송의 축복을 받으며 출국한 모습이 선합니다. 그렇게 누나와 매형은 고생도 많았고, 어려움도 많았지만 다 이겨내고 미국에 정착했습니다.

두 사람이 다시 한국으로 돌아왔을 때에 매형은 우리나라 명문 대학교에서 평생을 교수로 일할 수 있었을 뿐 아니라 아시아인이자 한국인 최초로 세계초고층협회(CT-BUH) 회장이 되는 영광도 하나님께서 허락해 주셨습니다. 누나도 한국에 돌아와서 열심히 봉사하는 삶을 살았습니다. 미국 간호사를 준비할 수 있도록 가르치고 그리스도인의 마음으로 섬기고 도왔습니다.

  2020년 현재 매형은 교수직을 은퇴하고 복음 전도를 위해 집필 작업을 하고 있습니다. 대학교, 사관학교, 일반인들을 위한 전도용 책을 여러 권 집필해 문서선교 사역을 하나님께서 주신 사명으로 믿고 지속하고 있습니다.
  누나는 교회와 사람들을 섬김에 있어서 늘 겸손한 모습으로 열심을 냅니다. 제 아내에게 시누이지만 아내와 사이가 참 좋습니다. 30년 이상을 변함없이 서로 아끼고 사랑하는 모습이 정말 아름답습니다.

  저와 제 아내에게는 귀한 믿음의 대들보, 기도하는 어머니가 계십니다. 양가 모두 믿음의 부모님을 둔 저희 부부의 형제들은 모두 크리스천으로서 미국, 캐나다, 한국, 인도네시아, 아랍에미리트(UAE)에서 각자 섬김의 삶을 살고 있습니다.

  감사로 제사를 드리는 자가 나를 영화롭게 하나니 그의 행위를 옳게 하는 자에게 내가 하나님의 구원을 보이리라 - 시편 50:23

둘째 딸 이야기

둘째 딸은 어렸을 적부터 워낙에 축구와 그림 그리기를 좋아했습니다. 저도 이 아이가 어떤 길로 나갈까 내심 궁금했었습니다. 딸아이가 초등학생 때 그림을 그릴 수 있는 태블릿PC를 생일 선물로 주었는데 그것을 받은 이후로는 그림 그리기로 진로를 굳히는 듯했습니다.

얼마나 그림 그리기를 좋아하는지 밥 먹고 화장실 가는 일 외에는 늘 그림만 그렸습니다. 그림도 잘 그렸지만 누구에게나 인사를 잘하고 참 사랑스럽고 살가운 아이였습니다. 그런 딸아이의 학교생활은 어떠했을까요?

학원을 한 번도 다닌 적이 없고 평소에는 그림만 그리다 보니 성적은 반에서 중하위권이었습니다. 겨우 학교를 다니는 듯했습니다. 그림에 대한 열정은 대단했지만 성적은 형편없었습니다. 하긴 부모가 공부하라고도 안하고 학원도 보내지를 않았으니 아이의 성적이 곧 부모의 점수인 것만 같았습니다.

어느 날은 성적이 이게 뭐냐고 어느 정도 공부는 해야 하지 않겠냐고 했더니 "아빠, 나는 그림이 좋아서 이러는 거야. 공부를 못해서 안하는 게 아니야"라며 너스레를 떨었습니다. 며칠 후에 딸아이가 말했습니다.

"아빠 엄마, 요즘 경제적으로 어렵지? 성적 장학금을 받으면 등록금을 하나도 안낸데요. 나를 위해서가 아니고 아빠 엄마를 위해서 나 한번 공부를 해볼게요!"라고 말했습니다. 저는 "말만이라도 고맙다, 우리 딸" 하고 웃으며 넘겼습니다.

당시 고1이었던 둘째 딸은 그날부터 태블릿PC를 책상 서

랍 깊은 곳에 넣으며 그림 그리기를 중단했습니다. 그리고는 공부를 하기 시작했습니다. 공부를 한다는 건 좋은 것이니 그렇게 하게끔 내버려 두었습니다. 2개월쯤 지나 딸아이가 2학기 기말시험 성적표를 내밀었습니다.

이럴 수가! 성적표에는 전교 1등이라고 적혀 있었습니다. 눈을 씻고 봐도 전교 1등이었습니다. 어떻게 이런 일이! 저는 그저 정신이 나간 듯했습니다. 학교도 우리 집도 발칵 뒤집어졌습니다. 담임선생님과 반 친구들도 무척 놀랐습니다.

"아빠 엄마! 내가 공부를 못 하는 게 아니고 나는 그림이 좋아서 공부를 안했던 거예요!"라고 말하는 것입니다. 아빠 엄마의 경제적 부담을 덜어야겠다며 장학금을 받기로 결심한 딸아이는 그림을 그리던 그 집중력으로 공부를 할 수 있었습니다. 고등학교 1학년 2학기부터 고3 졸업할 때까지 전교 1등을 놓치지 않았고 장학금을 받았습니다.

교장 선생님께서 둘째는 좋은 대학에 입학시켜 학교의 명예를 높일테니 인도네시아에 데리고 들어가지 말아 달라고 간곡히 부탁을 하셨습니다. 우리 부부는 고민 끝에 원룸을 얻어 첫째 딸과 둘째 딸을 덩그러니 한국에 남겨두고 셋째 딸과 넷째 딸만을 데리고 인도네시아 선교지로 들어왔습니다.

지금도 그 생각만 하면 어린아이들을 데리고 들어오지

못한 것에 가슴 아파지곤 합니다. 그런 저희에게 딸아이는 오히려 한국에 남아 있었기 때문에 지금의 좋은 남편을 만날 수 있었다고 엄마 아빠의 좋은 결정과 선택이 감사하다고 말합니다. 이렇게 성숙한 둘째 아이의 고백에 우리 부부도 전적으로 동의하며 감사한 마음뿐입니다.

둘째 딸은 한국보다 적은 학비로 미국에 가서 신학을 공부하기도 했습니다. 그러다 다시 애니메이션 그리는 길을 택해서 한국으로 돌아와 대학에 재입학했습니다. 그리고 지금의 남편을 만나 결혼을 하고 계속 그림을 그리며 행복하게 아이를 키우고 있습니다. 착한 사위를 보니 남편을 정말 잘 만난 것 같습니다.

미술 학원을 다니지 않더라도 집념과 열정만 있다면 누구나 경지에 오를 수 있음을 봅니다. 딸이 공부로 1등 하는 것보다 가장 행복해하는 그림 그리는 일을 할 수 있도록 전적으로 응원하고 지원한 것이 우리 부부가 한 가장 잘한 일이었다고 지금도 믿어 의심치 않습니다.

막내딸 이야기

막내는 초등학교 1학년 때부터 춤에 놀라운 재능을 나타내기 시작했습니다. 당시 유튜브에 춤추는 장면을 올렸더니 하루 조회 수가 순식간에 엄청 올랐고 기획사에서 바로 연락이 왔을 정도였습니다.

그러나 우리는 춤으로 막내의 길을 열어주지는 못했습니다. 막내는 초등학교 때부터 인도네시아에서 공부를 했고 신앙이 좋은 편이었습니다. 저희가 가르치지도 않았는데 아이 답지 않게 언제나 자기의 용돈을 저금해서 선교지에 몇 번이고 전액을 헌금하곤 했습니다.

막내딸은 선교사 자녀학교에서 공부하면서 신앙 훈련도 받으며 동띠모르 난민촌 어린이들에게 영어를 가르치기도 했습니다. 선교지에서 어려운 사람들을 보며 자연스럽게 많은 것을 느끼는 것 같았습니다. 그러기에 저는 "선교지에서 보는 것으로부터 선교는 시작된다"라고 말하고 싶습니다. 그냥 일단 선교지를 가서 보면 됩니다. 일을 하지 못해도 보는 것으로부터 선교는 시작됩니다.

막내는 늘 피아니스트나 프로파일러(범죄심리분석관)가 되기를 원했습니다. 그러나 선교사 자녀학교(SEKOLAH INTERNASIONAL WESLY MALANG)를 은혜 중에 졸업하고 나서 마음의 원과는 다르게 미국에 있는 장학금 제도가 잘되어 있는 신학대학교에 입학하여 공부하게 되었습니다.

우리는 막내가 현지에서 생활하는 삶을 못 봐서 모르지만 한 달 생활비로 15만 원 정도를 썼다고 합니다. 우리 부부는 여유가 없어 미국에 있는 신학교에 다니는 막내에게 매월 25만 원밖에 줄 수 없었습니다. 그럼에도 불구하고 막내는 저희 부부가 보내준 15만 원과 신학생들을 돕는 미국 후원단체의 지원을 받아 생활하고 나머지 10만 원은 저금을 해서 모은 돈으로 할아버지와 할머니, 아빠, 엄마, 언니들의 선물을 사서 보내기를 좋아했습니다.

막내가 미국에 있을 때 어느 날 목회로 바쁘셨던 담임목사님이 막내에게 전교인 헌금 통계를 내는 봉사를 부탁하셨다고 합니다. 그래서 통계를 내어보니 본인과 다른 한 분이 그 교회에서 한해 동안 가장 많은 헌금을 했더랍니다. 심지어 막내는 그 당시 학생이었습니다.

막내는 어릴 때부터 하나님을 의식하며 살아갔습니다. 그랬더니 부모가 돌봐 주지를 못할지라도 주님께서 그 아이를 푸른 초장과 잔잔한 물가로 인도하심을 보게 됩니다.
막내는 공부하면서 일을 했고 그러다가 지금의 남편을 만나 대학교 3학년 때 결혼을 해서 잘 살고 있습니다. 최근에는 학교를 옮겼는데 미국 새로운 도시에서도 하나님의 은혜 안에서 즐겁게 일도 하고 새로운 공부도 하면서 경제적 문제와 학비 모두 해결하며 잘 지내고 있습니다.
착한 막내 사위는 우리 부부에게 미국에 와서 자신들의 집에서 함께 살자고 항상 조릅니다. 레스토랑을 운영하며 전문성을 가진 막내 사위는 요리하는 것도 좋아해서 퇴근하고 와서 피곤할 텐데도 아내와 가족을 위해 늘 손수 요리를 해줍니다. 그런 사위에게 정말 감사하고 고마운 마음뿐입니다.

물론 막내도 집안에서 감당하는 분야가 있겠지만 저는
제 딸에게 "남편이 직접 만든 다양한 요리를 맛보는 막내
야, 너는 대체 무슨 복이니?"라는 말을 종종하곤 합니다.
장모를 살뜰히 챙기는 막내 사위와 아내는 만나면 김치
요리를 합작하곤 하는데 그런 두 사람의 모습을 보고 있으
면 기분이 좋아집니다.

첫째 딸 이야기

부모가 목회자이면서 선교사이기에 어떤 면에서는 첫째
딸이 피해를 가장 많이 봤을 것입니다. 첫째가 한창 학업
에 열중하고 예민했던 중요한 시기에 선교지가 바뀌면서
어려움을 많이 겪었습니다. 특히 일본에 갔을 때 딸아이
가 고3이었는데 행정상 받아주지를 않아 학제를 인정받지
못해서 학교를 그만두고 혼자 스스로 공부해야 했습니다.

사실 우리가 생각하기에 큰 딸은 정말 특이했습니다. 아
주 어릴 적부터 교회 청년부 선생님에게 컴퓨터를 배우
더니 컴퓨터를 이용한 프로그램 제작 작업까지 잘했습니
다. 인맥이 좋아 지인이 얼마나 많은지 예전 싸이월드를
하던 시절에 일촌 친구 숫자로만 전국 1위를 한 적도 있
었습니다.

저희가 일본에 간지 두 달이 채 안 되었을 때입니다. 딸아이가 어느 날부터 일어를 생각 이상으로 잘하는 것입니다. 학원을 보낸 적도 없는데 어찌 된 영문인지 아이에게 물어보니 일본 영화 DVD 한 개를 사서 무려 2백 번을 돌려 보았더니 말문이 트이더랍니다. 그러더니 심지어는 일어 통역을 하러 대학교 강당에 선 적도 있습니다. 딸아이가 어릴 적부터 강한 면이 있는 건 익히 알고 있었지만 지켜보면 볼수록 정말 강한 딸입니다.

　하지만 감수성이 예민하던 시기에 곁에서 지켜주지 못했습니다. 첫째와 둘째는 엄마 아빠와 떨어져 십 대와 이십 대를 보냈습니다. 선교지에서 있으면서 저희 부모님을 뵙지 못하는 것도 안타까웠지만 떨어져있는 두 딸을 못 보는 것도 늘 마음이 아팠습니다.
　생활력이 강한 큰 딸은 어떻게든 삶을 잘 꾸려갑니다. 그리고 재능도 참 많아서 잡지사 편집장, 모델, 방송 아이돌 뮤직 미술디렉터, 컴퓨터 홈페이지 관리 및 제작자, 글자 아티스트, 언더그라운드 가수 등 직업이 정말 많습니다.

　다양한 직업만큼 우여곡절도 많았던 딸의 삶을 바라보면서 신앙생활에 대한 아쉬움이 들 때가 많습니다. 크리스천으로서의 정체성을 가지고는 있으나 부모 곁에 가까이 두지를 못해 부모를 보면서 전수받아야 할 신앙의 깊이 면에서 큰 손해를 보았다는 생각이 듭니다.

저는 우리 첫째 딸과 둘째 딸을 보면서 혹시 앞으로 선교지에 들어가는 선교사를 만난다면 가족 모두가 함께 들어가라고 말하고 싶습니다. 물론 저의 개인적인 생각이지만 이 생각은 지금도 변함이 없습니다.

돌이켜 보니 저희 부부와 네 명의 아이들이 다함께 한 자리에 모여 가정 예배를 드릴 때가 가장 평화롭고 행복했던 기억인 것 같습니다. 아이들이 성경에 대한 질문을 하고 아빠 엄마가 딸들에게 답해주며 사랑이 넘치던 그때를 떠올려봅니다. 가족들도 그때가 진심으로 행복했다고 말하곤 합니다. 이처럼 가정 예배는 언제나 우리 가족 모두에게 행복한 시간이자 특별한 기억으로 남아있습니다.

또 휴가 기간 봉고차를 타고 가족들과 전국일주를 다니던 때도 생각납니다. 딸들이 봉고차 뒷자리에서 이불을 서로 차지하겠다고 서로 밀치고 싸우면서 다 함께 다니던 그때도 참 행복했습니다.

우리 부부는 부모로서 딸들 학원도 못 보내주고 공부하라는 말도 안 하고 방치하다시피 키웠을 뿐인데 그저 기도만 해주었을 뿐인데 돌이켜보니 정말 하나님께서 키워주셨나봅니다.

이제는 다들 결혼하고 아빠 엄마를 도와주려고 하니 제 마음이 뿌듯하고 기쁠 뿐입니다. 평생을 5만 원이 넘지 않는 옷만 입어온 엄마에게 이제는 딸들이 좋은 옷을 선물하며 엄마에게 입혀줍니다. 덕분에 저는 아내의 상에서 떨어진 부스러기로 횡재할 때가 많습니다.

또 딸들은 거의 매일, 때로는 하루 정도 걸러 아빠 엄마에게 돌아가면서 전화를 합니다. 10분, 30분, 길면 1시간씩 전화로 안부를 묻고 대화하며 삶을 나눕니다. 결혼해서 가정이 있는 딸들이 말입니다. 그리고 가끔씩 이렇게 말을 합니다.

"우리의 아빠 엄마 되어주시고 우리를 있게 해줘서 정말 고마워요!"

저는 우리 집 넷째인 막내딸이 태어나는 날 얼마나 기쁘고 감사하던지 출산한 아내를 일반 병실에서 특실로 옮겼습니다. 의사가 의아해하며 말했습니다. 그간의 경험상 이런 일은 흔치 않다면서 저에게 직업을 물었습니다. 좀 전에 네 번째로 아들이 아닌 딸을 난 한 가정의 남편이 화가 나서 문을 박차고 술을 마시러 갔다며 말입니다.

네 딸을 감사함으로 받았더니 아이들은 자라면서 아빠 엄마의 얼굴에 웃음꽃 피울 일을 만들어 줍니다. 아이들이 서로 특별 공연을 선보이던 사랑스러운 모습들이 눈에 선합니다. 그 추억만으로도 무척 행복합니다.

시간이 지나 아이들이 어른이 되어도 자녀를 양육하는

어릴 적
딸들의 모습

것이 결코 쉽지 않다는 것을 느낍니다. 때로는 두렵기까지도 합니다. 자녀들이 결혼을 하고 그 이후의 삶을 지켜본다는 것은 기도할 제목이 더 늘어나는 것이라는 생각도 듭니다. 그러기에 하나님을 의지할 수밖에 없으며 기도할 수밖에 없습니다.

선교지든 한국이든 어느 곳에서든 항상 기도로 자녀를 축복하는 가운데 범사에 감사하면서 삶을 살다보면 선하신 하나님의 인도하심이 자녀에게 은혜로 부어지리라 믿습니다. 비록 우여곡절이 삶에 가득하더라도 말입니다.

여호와를 경외하며 그 도에 행하는 자마다 복이 있도다

네가 네 손이 수고한대로 먹을 것이라

네가 복되고 형통하리로다 네 집 내실에 있는 네 아내는

결실한 포도나무 같으며 네 상에 둘린 자식은

어린 감람나무 같으리로다

- 시편 128:1-3

아내에게
놀라운 기적이
일어나다

제 아내 남궁경미 선교사는 매우 건강했습니다. 걷거나 운동하는 모습만 봐도 제가 따라가기가 벅찰 정도의 좋은 체력과 건강을 자랑했었습니다.

시집살이하며 남몰래 울면서도 아들인 저보다 더 큰 사랑의 마음으로 최선을 다해 시부모님을 섬겼던 정신적으로도 건강한 사람이었습니다.

천사처럼 선하신 장모님의 성품을 닮아 남에게 베풀기를 좋아하고 밝은 성격으로 어린이들과 현지인들에게 먼저 다가가는 사랑이 넘치는 따뜻한 사람입니다.

저희 부부가 인도네시아에 입국한지 2년 정도 지났을 때 아내를 힘들게 하는 몇몇 사람들을 만나게 되었습니다. 그 이후부터 마음에 쌓인 깊은 상처와 고통으로 인해 아내는 하루하루 아프기 시작했습니다.

처음에는 시름시름 앓더니 점점 숨쉬기조차 힘들어했고, 끝내는 계단도 오르지 못해 제가 업고 올라가야만 하는 지경까지 되었습니다. 병명을 알아내기 위해 많은 노력과 시간을 쏟았지만 알 수 없었고 제대로 된 처방도 없이 무방비 상태로 2년 동안 고통의 시간을 보냈습니다.

그러던 어느 날 뜻밖에도 한 지인의 추천으로 우리나라에서 유명하신 명의를 소개받아 그분을 만날 수 있었습니다. 그리고 감사하게도 병명을 알게 되었습니다.

한국에서는 종합병원 단 두 곳의 전문의만이 이 희귀병을 정확하게 진단해줄 수 있다고 합니다. 그중 한 곳에 가서 이 분야 최고의 박사님을 만나게 된 것입니다. 그분은 아내의 병을 진단하시면서 아내에게 이런 질문을 던지셨습니다.

"직업이 무엇입니까? 이 희귀병은 태어나면서부터 선천적으로 걸리거나 아니면 엄청난 스트레스를 받아야만 걸릴 수 있는 병입니다. 이 병은 진단 시기가 있기 때문에 병명을 찾기도 힘든데 어떻게 그토록 오랫동안 참고 지내 오셨는지요."

비슷한 시기에 '생로병사' TV프로그램에서 아내와 같은 희귀병에 걸린 사람들이 방영된 적이 있습니다. 이 병의 통증이 얼마나 심각한지 방송 내용을 통해 적나라하게 알

수 있었습니다. 대부분의 남자 환자들은 통증을 견디기 위해 어금니에 힘을 주다보니 어금니 전체가 없어진 사람들이 많았습니다. 심지어 통증을 견디지 못하고 자살한 사람도 있을 정도입니다.

이 프로그램을 보고서 제가 아내에게 통증의 강도를 물었더니 아내가 답하기를 걷다가 책상 모서리에 무릎을 부딪쳤는데 너무 아프고 견디기 힘든 그 통증이 1분에 한 번씩 오는 정도라는 것입니다. 가장 심할 때는 그러한 통증이 하루 종일 오기도 하는데 그 통증이 온 몸을 돌아다닌다는 것입니다. 아내는 늘 이런 말을 하곤 했습니다.

"너무 아프니까 사실 당신도 아이들도 생각이 나지 않을 정도로 아파요. 남편과 아이들이 생각나는 것은 그나마 덜 아파서 생각이 나는 것 같아요. 차라리 내일 일어나지 않고 그대로 하늘나라로 갔으면 좋겠어요."

그렇게 뒤늦게 알게 된 아내의 병명은 '섬유근통 증후근'이라는 희귀병이었습니다. 류머티즘 섬유조직염이라고도 불리는 이 병은 완치가 불가능하고 단지 통증을 줄여주는 마약성 진통제를 하루 2번씩 12시간 간격으로 복용하는 게 최선이었습니다. 이 병은 큰 스트레스를 받아 자가 면역력 결핍으로 인해 몸이 교란을 일으켜 스스로 자신의 몸을 공격하는 병입니다.

선교지에서 병이 걸린 지 8년이 지났고 다행히 병명을 찾아 약을 복용한 세월도 6년 8개월이나 되었습니다. 병명을 찾기 전 2년은 거의 집에서 누워 지내야 했습니다.

아내는 병명조차 모른 채 끔찍한 통증 속에 보냈던 그 시절을 생각하면 말로 설명하기 어려울 만큼 죽고 싶을 정도로 고통스러웠다고 말합니다. 사람들 앞에서는 표현하지도 못하고 고통을 견뎌야 했습니다. 사람들이 반갑다고 악수를 하거나 등을 두드리기라도 하면 그 통증은 말로 할 수 없을 정도였습니다. 남편으로서 할 수 있는 건 오직 기도하는 것밖에 없었고 종종 그런 제 자신에 대한 무력감이 밀려오곤 했습니다.

약 복용 시간을 깜빡하고 지나치기라도 하면 고통은 이루 말할 수 없었습니다. 복용 후 약효가 나타나기까지 그 몇 시간은 잠이라도 자야만 견뎌낼 수 있었습니다. 알람을 설정해 놓고도 바로 복용을 못하고 잠시라도 늦게 복용을 하게 되면 몸의 반응에 화들짝 놀라 가족 모두가 쩔쩔매기 일쑤였습니다.

우리 가족들은 아내가 장거리 외출을 해야 할 경우에는 약을 챙겨가라고 신신당부할 정도였습니다. 하루에 2번 복용해야 하는 약을 한 번이라도 거르면 일상생활이 불가능했기 때문입니다. 비자 문제 때문에 한국이나 가까운 싱가포르로 출국해야할 때 약이 없으면 비행기 타는 것을 포기해야만 했습니다.

대부분의 사람들은 완치를 위해 기도하라고 했지만 아내는 '내 은혜가 내게 족하다'는 마음으로 늘 감사할 뿐이었습니다. 아내는 이렇게 선교하다보면 언젠가 하나님의 영광을 위해 필요하실 때 고쳐주실 거라고 믿었습니다.

　가끔씩 아내와 동행해서 선교지를 방문해야 하는 경우들이 있습니다. 제 아내의 고통을 잘 아는 분께서는 안타까워하시며 자동차 안에서 누워서 갈 수 있는 간이침대를 직접 만들어 주시기도 했습니다. 정말 감사한 일입니다. 아내는 그 침대에 누워 통증을 견디며 선교지로 이동했습니다. 그렇게 아픈 인고의 세월을 지내면서도 선교지를 방문해야 할 때면 저와 함께 다니는 것을 포기하지 않았습니다.

　2016년 8월 15일, 한국에 있을 때였습니다. 셋째 딸이 다니는 교회에 수련회가 있었고 아내는 2박 3일간 함께 참석을 하게 되었습니다. 저녁 예배를 드리는데 그때 강사로 오신 선교사님께서 선포하신 세 마디 말씀에 하염없이 눈물이 쏟아졌다고 합니다.

　"하나님은 살아 계십니다. 예수님은 우리의 죄 때문에 십자가에 달려 돌아가셨습니다. 예수님은 부활하셨습니다!"

　이 말씀은 크리스천이라면 누구나 자주 들어온 말씀인데 아내는 그 시간 그 말씀이 살아 역사하시는 레마의 말씀으로 심장과 폐부를 찌르는 말씀으로 다가왔다고 합니다.
　예배 도중 약 먹을 시간이 지났고 아내의 몸 여기저기

가 아프기 시작했습니다. 걱정된 딸아이는 방 열쇠를 주면서 빨리 가서 약을 먹고 오라고 했습니다. 그런데 아내는 그 순간의 은혜를 놓치고 싶지 않아 그 자리를 떠나고 싶지 않았다고 합니다. 갈급한 마음으로 '예배를 다 마치고 나서 약 먹고 자면 되겠지' 하며 끝까지 은혜를 사모했습니다.

말씀을 마치고 치유를 위한 기도를 해주시는데 강사로 오신 선교사님께서 온갖 병을 위해 기도를 해주셨지만 아내의 병에 해당하는 기도는 없었습니다. 집회를 마치고 이어서 담임목사님께서 나오셔서 교회 소식을 전해주셨습니다. 이때 셋째 딸이 "하나님, 다른 병을 위한 기도는 다 해주시는데 왜 우리 엄마 병을 위한 기도는 안 나오나요? 우리 엄마를 위해서도 기도하게 해주세요!"라고 기도를 했답니다. 그렇게 딸아이가 간절하게 기도를 마쳤는데 신기하게도 조금 후에 목사님께서 이렇게 말씀하셨다고 합니다.

"저는 신유의 은사를 가진 목사가 아닙니다. 그런데 오늘 이상하게 이 시간 성령께서 강권하여 말씀하십니다. 저도 두렵습니다만 이 시간 말씀드립니다. 오늘 이 시간 이곳에 오신 분들 중 불치병 환자가 있으시면 그 자리에서 일어나세요! 불치의 병으로 평생 약을 먹고 살아야 하는 분은 일어나세요!"

딸의 기도를 몰랐던 아내는 어안이 벙벙할 정도로 놀라

서 멍하니 있었습니다. 그러자 옆에 앉아 있던 딸이 "엄마, 어서 일어나!"라며 어깨를 툭 쳤습니다. 아내는 자리에서 일어났고 목사님께서 이어서 이렇게 말씀하셨습니다.

"나는 신유의 은사가 있는 목사가 아니니 우리 모두 다같이 한마음으로 기도하겠습니다. 내 가족이 아플 때의 마음과 심정으로, 그리고 마치 내가 아플 때 기도하는 마음으로 정말 간절하게 사랑의 마음으로 치유를 위해 기도하시기 바랍니다! 다 같이 기도합시다!"

곧이어 아내의 주위에 있던 성도님들이 다가와 아내의 어깨와 등, 머리에 손을 대고 자신의 가족을 위해 기도하듯이 간절히 기도하기 시작했습니다. 아내는 그저 하염없이 흐르는 눈물로 "감사합니다. 하나님 감사합니다. 하나님!"만을 외쳤습니다. 성도님들이 얼마나 아내를 위해 사랑으로 간절히 기도해주셨는지 기도를 마치고 바닥을 보니 모든 분들의 눈물이 흘러 흥건히 젖어 있을 정도였습니다.

두 세 사람이 내 이름으로 모인 곳에는 나도 그들 중에 있느니라 - 마태복음 18:20

진실로 다시 너희에게 이르노니 너희 중에 두 사람이 땅에서 합심하여 무엇이든지 구하면 하늘에 계신 내 아버지께서 저방으로 돌아왔지만 아내는 먹어야 할 저녁 약을 전혀 먹고 싶지 않다고 했습니다. 불치의 병이 치유된 느낌이 오기 시작했습니다. 그리고 다음날 아내는 아침에 눈을 뜨고는 "할렐루야! 할렐루야!"를 거듭 외쳤습니다. 약을 안 먹고 자면 반드시 자다가도 통증으로 깨곤 했는데 그날은 어느 때보다도 숙면을 취했고 아침에 일어나면 늘 뻑뻑하던 손발이 전혀 아프지가 않았습니다.

한 여자 집사님은 이번 수련회 기간 동안에 살아 계신 하나님을 만나게 해 달라고 기도했는데 아내의 변화를 보며 기도 응답을 받았다고 정말 감사하다고 고백했습니다.

아내는 보다 더 확신을 갖기 위해 며칠을 더 지켜보며 기다려보기로 했습니다. 그날 아침 이후로 3일 동안 아내는 약을 복용하지 않았습니다. 정말로 놀랍고 기가 막힌 사건이었습니다. 72시간 이후에 아내는 운전을 하고 청소도 했는데 컨디션이 아주 좋았습니다. 아내는 아침마다 매시간마다 신기해 하며 감사했습니다. 기도를 받은 후 3일 동안 아내의 몸에서 땀이 비 오듯 쏟아졌는데 마치 몸속에 있던 독소가 빠져나가는 것 같다고 했습니다.

이후 처음 병명을 알게 된 그 종합병원에 예약을 하고 다시 검사를 받았습니다. 담당 전문의이신 박사님이 검사 결과를 말씀해주시면서 놀라움을 감추지 못하셨습니다.

죽음과도 같았던
희귀병을 고침 받고
자유를 얻은 남궁경미 선교사

남궁경미 선교사는
선교 사역 중에도
성경 읽기와 쓰기에
많은 시간을 보내고 있습니다.

"아니, 이건 기적입니다! 어떻게 이 병이 나을 수가 있죠? 도대체 어떤 일이 있었던 겁니까? 이제는 환자가 아닙니다. 종합적으로 검사한 결과와 모든 수치가 말해주고 있습니다. 이제 당신은 이 병에 걸린 사람이 아니라는 겁니다. 정말 신기합니다. 더 이상 환자가 아닙니다! 완전 정상인입니다!"

그렇게 완치 진단을 받은 아내는 이렇게 하나님께 기도드렸습니다.

"하나님, 감사합니다. 저의 나음을 통해 영광 받으신 하나님을 찬양합니다. 이제 8월 15일은 저에게 하나님의 은혜로 모든 병에서 해방된 해방의 날이기도 합니다. 하나님은 살아 계셔서 오늘도 변함없이 역사하시고 치유하시는 분이십니다. 할렐루야! 이 기적을 통하여 하나님의 영광만이 나타나게 되길 예수님의 이름으로 기도드립니다. 아멘!"

선교지는 물론 우리 주변에 병으로 인하여 고통당하시는 분들이 많아 성경 중 치유에 대한 말씀을 부분적으로나마 적어봅니다. 날마다 읽기만 해도 예수 그리스도의 치유하시는 능력이 임하리라 믿습니다.

대저 여호와는 네가 의지할 이시니
라 네 발을 지켜 걸리지 않게 하시리라

남궁경미 선교사는 선교 사역을 하면서도
365일간 성경의 내용을 그림으로 그려
날마다 전 세계 수천 명의 사람들에게
보내는 일을 합니다

24개 치유의 말씀

하나님께서 우리에게 주신 치유의 말씀으로 선교지에서나 어디에서나 승리와 치유의 역사를 경험하게 되시길 바랍니다!

1. 가라사대 너희가 너희 하나님 나 여호와의 말을 청종하고 나의 보기에 의를 행하며 내 계명에 귀를 기울이며 내 모든 규례를 지키면 내가 애굽 사람에게 내린 모든 질병의 하나도 너희에게 내리지 아니하리니 나는 너희를 치료하는 여호와임이니라 - 출애굽기 15:26

2. 하나님은 아프게 하시다가 싸매시며 상하게 하시다가 그 손으로 고치시나니 - 욥기 5:18

3. 여호와여 내가 수척하였사오니 긍휼히 여기소서 여호와여 나의 뼈가 떨리오니 나를 고치소서 - 시편 6:2

4. 여호와 내 하나님이여 내가 주께 부르짖으매 나를 고치셨나이다 - 시편 30:2

5. 여호와께서 쇠약한 병상에서 저를 붙드시고 저의 병중 그 자리를 다 고쳐 펴시나이다 내가 말하기를 여호와여, 나를 긍휼히 여기소서 내가 주께 범죄하였사오니 내 영혼을 고치소서 하였나이다 - 시편 41:3-4

6. 저가 네 모든 죄악을 사하시며 네 모든 병을 고치시며 네 생명을 파멸에서 구속하시고 인자와 긍휼로 관을 씌우시며 좋은 것으로 네 소원을 만족케 하사 네 청춘으로 독수리같이 새롭게 하시는도다 - 시편 103:3-5

7. 저가 그 말씀을 보내어 저희를 고치사 위경에서 건지시는도다 - 시편 107:20

8. 여호와께서 예루살렘을 세우시며, 이스라엘의 흩어진 자를 모으시며 상심한 자를 고치시며, 저희 상처를 싸매시는도다 - 시편 147:2-3

9. 여호와께서 그 백성의 상처를 싸매시며 그들의 맞은 자리를 고치시는 날에는 달빛은 햇빛 같겠고 햇빛은 칠 배가 되어 일곱 날의 빛과 같으리라 - 이사야 30:26

10. 주여 사람의 사는 것이 이에 있고 내 심령의 생명도 온전히 거기 있사오니 원컨대 나를 치료하시며 나를 살려 주옵소서 - 이사야 38:16

11. 그가 찔림은 우리의 허물을 인함이요 그가 상함은 우리의 죄악을 인함이라 그가 징계를 받음으로 우리가 평화를 누리고 그가 채찍에 맞음으로 우리가 나음을 입었도다 - 이사야 53:5

12. 내가 그 길을 보았은즉 그를 고쳐 줄 것이라 그를 인도하며 그와 그의 슬퍼하는 자에게 위로를 다시 얻게 하리라 입술의 열매를 짓는 나 여호와가 말하노라 먼데 있는 자에게든지 가까운데 있는 자에게든지 평강이 있을찌어다 평강이 있을찌어다 내가 그를 고치리라 하셨느니라 - 이사야 57:18-19

13. 그리하면 네 빛이 아침같이 비췰 것이며 네 치료가 급속할 것이며 네 의가 네 앞에 행하고 여호와의 영광이 네 뒤에 호위하리니 네가 부를 때에는 나 여호와가 응답하겠고 네가 부르짖을 때에는 말하기를 내가 여기 있다 하리라 - 이사야 58:8-9

14. 주 여호와의 신이 내게 임하셨으니 이는 여호와께서 내게 기름을 부으사 가난한 자에게 아름다운 소식을 전하게 하려 하심이라 나를 보내사 마음이 상한 자를 고치며 포로된 자에게 자유를, 갇힌 자에게 놓임을 전파하며 - 이사야 61:1

15. 여호와여 주는 나의 찬송이시오니 나를 고치소서 그리하시면 내가 낫겠나이다 나를 구원하소서 그리하시면 내가 구원을 얻으리이다 - 예레미야 17:14

16. 나 여호와가 말하노라 그들이 쫓겨난 자라 하며 찾는 자가 없는 시온이라 한즉 내가 너를 치료하여 네 상처를 낫게 하리라 - 예레미야 30:17

17. 그러나 보라 내가 이 성을 치료하며 고쳐 낫게 하고 평강과 성실함에 풍성함을 그들에게 나타낼 것이며 내가 유다의 포로와 이스라엘의 포로를 돌아오게 하여 그들을 처음과 같이 세울 것이며 내가 그들을 내게 범한 그 모든 죄악에서 정하게 하며 그들의 내게 범하며 행한 모든 죄악을 사할 것이라 - 예레미야 33:6-8

18. 내 이름을 경외하는 너희에게는 의로운 해가 떠올라서 치료하는 광선을 발하리니 너희가 나가서 외양간에서 나온 송아지 같이 뛰리라 - 말라기 4:2

19. 예수께서 온 갈릴리에 두루 다니사 저희 회당에서 가르치시며 천국 복음을 전파하시며 백성 중에 모든 병과 모든 약한 것을 고치시니 그의 소문이 온 수리아에 퍼진지라 사람들이 모든 앓는 자 곧 각색 병과 고통에 걸린 자, 귀신 들린 자, 간질하는 자, 중풍병자들을 데려오니 저희를 고

치시더라 - 마태복음 4:23-24

20. 가면서 전파하여 말하되 천국이 가까왔다 하고 병든 자를 고치며 죽은 자를 살리며 문둥이를 깨끗하게 하며 귀신을 쫓아내되 너희가 거저 받았으니 거저 주어라 - 마태복음 10:7-8

21. 예수께서 나오사 큰 무리를 보시고 불쌍히 여기사 그 중에 있는 병인을 고쳐 주시니라 - 마태복음 14:14

22. 믿는 자들에게는 이런 표적이 따르리니 곧 저희가 내 이름으로 귀신을 쫓아내며 새 방언을 말하며 뱀을 집으며 무슨 독을 마실찌라도 해를 받지 아니하며 병든 사람에게 손을 얹은즉 나으리라 하시더라 - 마가복음 16:17-18

23. 베드로가 가로되 은과 금은 내게 없거니와 내게 있는 것으로 네게 주노니 곧 나사렛 예수 그리스도의 이름으로 걸으라 하고 - 사도행전 3:6

24. 예수께서 들으시고 이르시되 두려워하지 말고 믿기만 하라 그리하면 딸이 구원을 얻으리라 하시고 - 누가복음 8:50

JL 의사 부부의
태를 여신 하나님

인도네시아에서 선교한지 13년 만에 저희 부부는 휴가를 얻었습니다. 그래서 2019년 1월 아내의 형제가 살고 있는 미국에 가게 되었습니다.

그러면서 미국에 살고 있는 한 부부를 상담하게 되었는데 바로 JL 부부였습니다. JL은 미국인 백인 의사입니다. 이 부부는 오랫동안 아기를 갖지 못해 여러 의료적인 방법으로 노력해보았지만 소용이 없었습니다.

저는 오래전 있었던 일이 떠올랐습니다. 한국에 있을 때 남편이 중국인인 부부가 있었습니다. 1995년 1월 첫 주, 새해 첫 심방으로 저는 이 부부의 가정을 방문하게 되었습니다. 아들 선호 사상을 가진 화교 남편은 아들을 무척 원했지만 아들은 커녕 아이를 아예 갖지 못했습니다. 남편은 매일같이 떡두꺼비 같은 아들을 낳아야 한다고 아내를 설득하고 모든 의료적인 노력을 동원했습니다. 하지만 결혼하고 13년간 임신을 하지 못했고 결국 이 가정은 양아들을 입양하기 위해 서류를 준비하고 있었습니다.

그러면서 "목사님! 내일 제출하게 될 입양 서류를 위해서 기도해주세요!"라고 말했습니다. 그런데 이때 갑자기 성령의 감동과 함께 하나님의 말씀이 갑자기 제 영혼 속에 떠올랐습니다.

한나의 기도
유족하던 자들은 양식을 위하여 품을 팔고 주리던 자들은 다시 주리지 않도다 전에 잉태치 못하던 자는 일곱을 낳았고 많은 자녀를 둔 자는 쇠약하도다 여호와는 죽이기도 하시고 살리기도 하시며 음부에 내리게도 하시고 올리기도 하시는도다 여호와는 가난하게도 하시고 부하게도 하시며 낮추기도 하시고 높이기도 하시는도다 가난한 자를 진토에서 일으키시며 빈핍한 자를 거름더미에서 드사 귀족들과 함께 앉게 하시며 영광의 위를 차지하게 하시는도다 땅의 기둥들은 여호와의 것이라 여호와께서 세계를 그 위에 세우셨도다 - 사무엘상 2:5-8

저는 성령의 감동대로 이 말씀을 이 가정에게 바로 읽어드리고는 "우리의 이성으로는 이해할 수 없지만 아브라함처럼 전능하신 하나님의 말씀을 믿고, 올해 하나님께서 아이를 주실 것을 바라보고 기도합시다"라고 말했습니다.

그리고 저는 생명을 주관하시는 하나님을 믿으라고 강력히 권면하면서 "성도님, 이 시간 묻겠습니다. 천지를 창조하신 전능하신 하나님을 진실로 믿으십니까? 그리고 전능하신 하나님께서 지금이라도 귀한 생명을 주실 줄로 믿습니까?" 하고 물었습니다.

긴장감이 흐르고 조금 후에 "목사님 믿습니다. 전능하신 하나님을 믿습니다!"라고 부부는 답변했습니다. 저는 "그럼 함께 기도드립시다" 하고 생명의 잉태를 위하여 창조주 우리 하나님의 이름으로 간절히 기도드렸습니다.

놀랍게도 기도를 받았던 주간인 1월 첫 주에 임신을 했습니다. 그리고 그해 가을 건강한 아들을 낳았고 그 아기가 교회에 처음 온 날 전 교인들이 보는 앞에서 하나님의 축복을 받는 기도까지 받았습니다. 할렐루야! 하나님을 찬양합니다!

이 일이 있은 후에 오랫동안 임신을 못하던 열 가정이 상담을 받으러 왔습니다. 저는 그때마다 이 말씀을 읽게 하고 기도했습니다. 그 결과 놀랍게도 8, 9가정이 임신을 하고 출산을 했습니다. 그리고 임신하지 못한 한 가정은 20년 후쯤 말씀을 전하러 간 인천의 한 교회에서 우연히 만났는데 뜻밖에도 목회자 부부가 되어있었습니다. 하나님의 뜻은 분명 있으리라 믿습니다.

그러기에 상담을 요청한 JL 부부 가정에게도 동일하게 한나의 기도(사무엘상 2:5-8)를 소개했습니다. 그리고는 "날마다 이 성경 말씀을 믿고 읽으면 하나님께서 역사하실 것입니다"라고 권면하며 JL 부부가 한나의 기도인 이 말씀을 날마다 읽게 했습니다.

시간이 흐른 뒤 저희 부부는 기회가 되어 미국을 갈 수 있게 되었고 2019년 1월에 JL 부부를 만난 것입니다. 저희 부부는 하나님의 말씀을 어린아이처럼 그대로 믿고 순종하라고 다시 권면했고 미리 준비한 영어 기도로 열심히 이 부부를 위해 기도드렸습니다.

한 달이 안 되어 미국 JL 부부 가정의 소식을 듣게 되었습니다. 놀랍게도 임신을 하게 되었고 몇 달이 지난 지금은 몸이 많이 힘들다는 소식이었습니다. 그 소식에 멀리서나마 간절히 기도를 했습니다. 그리고 이 글을 쓰고 있는 오늘 건강한 아기를 낳았다는 기쁜 소식을 들었습니다. 할렐루야!

JL 부부 소식을 통해 우리가 하나님의 말씀을 어린아이의 순전한 마음으로 믿고 기도하며 다가서면 하나님은 우리의 기도를 들으시고 역사하시는 분이시라는 것을 오늘도 감사함으로 고백합니다.

사람이 마음으로 자기의 길을 계획할지라도

그 걸음을 인도하는 자는 여호와시니라

- 잠언 16:9

선교의 동역자들

누구에게나 우여곡절이 있듯이 평생을 목회와 선교 사역을 한 저희 부부에게도 많은 상처와 아픔이 있었습니다. 특히나 뜻하지 않은 성령의 감동에 따라 선교 사역을 시작할 때면 현지에서 선을 악으로 갚는 사람들이 많았습니다. 게다가 욕설과 테러, 무고 등이 비일비재 했습니다.

하지만 저희 부부에게는 많은 것이 있었습니다. 신앙의 기둥이며, 정신적 버팀목이자 큰 힘이 되어주신 부모님의 기도와 사랑, 25년을 묵묵히 곁에서 물질과 기도로 힘써 섬겨준 이태호·김성순 집사님, 김서남 권사님이 있었습니다.

특히 하나님은 성경적으로 복음화를 이룰 수 있도록 겸손히 기도하는 김성순 집사님을 우리 부부에게 루디아로 보내주셨습니다. 그 특별한 연합으로 일본에서부터 인도네시아에 이르기까지 상상도 못했던 많은 선교 사역을 이룰 수 있었습니다.

그리고 투병 중에도 선교에 모든 것을 헌신하시는 제가 존경하는 영적인 아버지 김경곤 은퇴목사님, 선교를 목숨처럼 생각하는 김의식 목사님, 대단한 열정으로 마치 대형교회와 같은 선교 사역을 감당하는 김용관 목사님, 교인들은 물론이고 예수를 믿지 않는 동네 사람들까지 모두가 존경하는 최고의 신앙인격자 김광식 은퇴목사님, 바울처럼 지혜로우실 뿐만 아니라 젊은 사람도 못 따라갈 열정의 주성훈 은퇴목사님, 한결같이 교회를 섬기는 모습으로 본이 되신 박성진 은퇴목사님, 이 시대의 참된 목회자상을 깨닫도록 감동을 주시는 정성진 은퇴목사님과 곽승현 목사님.

　　기독교 정신이 무엇인가를 알게 해주신 주승중 목사님과 주기철 목사님의 순교정신, DMZ 지역 시골 교회를 목회하시면서도 전 세계를 놀라운 열정으로 선교하며 섬기시는 김광철 목사님, 작은 교회이지만 감동적인 모습으로 선교를 하고 있는 이우성 목사님, 선교적인 충격을 준 가정, 존경하는 썬다 싱, 인도네시아에서 늘 사랑으로 대해주신 김진영 장로님과 고 김만조 권사님, 저희가 신학교를 졸업할 수 있도록 후견인이 되어주시고 평생을 후원해주신 고 고일록 장로님.

　　이 시대 참된 장로의 상을 보여준 신재수·김후남·이규현 장로님, 참된 소명이 무엇인가를 깨닫게 해준 존 워너메이커(John Wanamaker), 많이 사랑하고 존경하며 천사 그 자체이신 고 이원용 장모님.

 이분들로부터 큰 영향을 받으며 선교 사역을 해왔고, 오늘의 선교 사역을 하고 있음에 깊이 감사드립니다.

 또한 오늘의 선교를 이루게 한 선교 동역자로 기독서적을 만들어 문서 전도하시는 김상대 교수님과 박은옥 권사님, PCK 세계선교부, 발리 서부 힌두 지역에 복음을 뿌린 유종하 은퇴목사님, 서용진 목사님과 김현근 장로님, 온 땅을 섬기는 온땅선교회 김명수 목사님, 서부 발리 12개 미자립 교회를 최선을 다해 섬기는 정지호 목사님, 기독학교를 정성껏 리모델링 해주신 안병대 목사님, 청죽 김훈 목사님, 갈현 최성수 목사님, 고아들에게 큰 사랑을 심어준 김성호 목사님, 심규영 목사님, 고아들을 향한 모든 열정을 쏟아붓는 강종방 목사님, 정영식 목사님, 서현 목사님, 고아들의 천사 이혜경 성도님, 자카르타 김완일 목사님, 뷰티플휴먼 신앙공동체, 발리 개척 교회를 후원하는 김광수 집사님, 일산 세린 식구들, 자동차를 사기 위해 저금한 돈 전액을 기부하여 기독교 학교 강당을 건축해 학교를 살려낸 양영희 집사님 부부, 채플실을 건축하고 수많은 악기를 선교에 기증하며 헌신한 강중구 집사님, 자신의 금반지들을 선교지로 보내 기독교 학교 정문을 세운 무명의 시골 할머니.

늘 감사한 김성일 목사님, 형과 같은 친구인 지연웅 은퇴 목사님, 동기 김재민 은퇴목사님, 파송의 사랑으로 늘 함께하는 포항의 박성근 목사님과 성도님들, 최성수 목사님, 동해의 임인채 목사님, 최재권 목사님, 양성득 목사님, 조주희 목사님, 최창범 목사님, 김학수 목사님과 권사회, 광야 최병렬 목사님, 신광호 선배 목사님, 전종찬 목사님, 김영범 목사님, 강준모·김미라 선생님, 고영미 집사님, 소망기도팀 김민지·김선미·신혜영·전영진·편용자 권사님, 이병현 집사님, 변함없는 사랑의 떡집 김호성·한은숙 집사님, 내가 다니고 싶은 아름다운우리교회 이동훈 목사님과 인크라이스트 출판사팀 & 송민아 대표님, 변함없는 사랑의 정영진·고현주 집사님, 김윤희·정해은·한혜실, 유동걸·이승래 집사님.

고아들의 어려운 소식을 듣고 독일에서 오자마자 바로 동참해 큰 몫을 하고 있는 동생 남궁 일, 감사한 영동교회, 늘 한결같은 섬김의 봉사자 위필헌·최미자 집사님, 사랑스런 온유 엄마 아빠, 큰 사랑으로 늘 함께하시는 WB주식회사 대표 이태호 집사님, 삼천 명을 주님께로 전도한 딴떼뻬라 할머니 & LAJW 봉사팀, 인도네시아 선교지에서 사랑으로 첫 번째 고아원을 설립하기까지 헌신한 김수용 장로님, 늘 사랑으로 대해주신 로뎀나무 같은 백수 레스토랑, 무궁화 마트, 가야 레스토랑.

수많은 무슬림들이 예수님을 영접하기까지 강성 이슬람 지역에서 희생적인 선교가 무엇인지 우리 부부에게 직접 삶으로 보여주신 브리스길라와 아굴라 같은 선교의 거인 부부인 박성후·밍리 집사님에게 진심으로 감사드리며, 열악한 환경에서도 늘 사랑으로 헌신하는 인도네시아 수많은 현지 동역자들, 선교에 힘써 동참하고 있는 우리 네 딸들, 보리떡 다섯 개와 물고기 두 마리를 드리는 장성아, 서문성, 김윤희, 한혜실, 함정민, 이정애, 안태진, 정해은, 장선아, 박은인, 백광호, 송문숙, 강수미, 유춘종, 이정옥, 정경옥, 오수용, 남궁예진, 김윤희님과 무명의 그리스도인들.

　2020년 발리 서북부 밀림에 새로운 선교 역사를 쓰기 위해 함께 하는 박기철 목사님, 곽근렬 목사님, 독일의 임혜일 전도사님, 나의 친구 노영진 장로님, 방재홍 목사님, 동티모르 난민촌 사역에 특히 애쓰시며 선교의 고락을 함께 하며 동행하시다가 최근 갑자기 하늘나라에 가신 고 강상학 장로님과 오늘도 여전히 선교로 헌신하시는 김인숙 권사님에게 크게 감사하는 마음으로 이 은혜를 함께 나누고 싶습니다.

간절히 기도드리는 개종자들의 모습

SOLI DEO GLORIA.